LA RÉVOLUTION DEMAND GENERATION

Fathi SEHLA

LA RÉVOLUTION DEMAND GENERATION

Arrêtez de chasser les clients, cueillez-les !

Vuibert

Couverture : Valérie Le Roux
Mise en page : PCA

ISBN : 978-2-311-62749-7

Sommaire

CHAPITRE 3

CHAPITRE 4

CHAPITRE 5

CHAPITRE 6

INTRODUCTION

LA *DEMAND GEN'*, QUÈSACO ?

Amis commerciaux et marketeux, vous connaissez certainement la *lead generation* – la « génération de *leads* » ou « génération de clients potentiels » ? La génération de *leads* (ou prospects) correspond à l'ensemble des stratégies et méthodes qui permettent d'acquérir des contacts (email et téléphone) afin de les démarcher et de les convertir en clients.

Eh bien vous l'aurez compris, le néologisme *demand generation* – *demand gen'* pour les intimes – se construit de la même manière, à la différence qu'il ne s'agit plus d'obtenir des contacts pour vendre, mais de faire advenir une « demande » pour vendre.

Vous allez me dire : « Fathi, tu joues sur les mots, c'est la même chose ! »

Ce à quoi je vous répondrai : « Oui. Mais non. »

Bien évidemment, l'objectif est toujours le même. *In fine*, il s'agit d'augmenter le nombre de clients qui feront appel à vos produits ou services et donc la croissance de votre entreprise.

Cependant la *demand generation* procède d'une démarche tout à fait différente par rapport à sa prédécesseuse, tant sur ses présupposés que sur ses modalités.

La majorité des entreprises réduisent l'acquisition à un problème de *quantité* de prospects. Elles partent du principe que plus elles ont de personnes à contacter, plus elles auront d'opportunités et de clients : une histoire de proportion en somme ! En théorie, ce modèle d'acquisition semble fonctionner. Mais dans les faits, la réalité est tout autre. À jouer au jeu de la quantité, les entreprises ont industrialisé leur façon d'obtenir des clients…

UNE HISTOIRE DE CUISSON

Prenons une métaphore que j'affectionne : la pizza.

Le marketing utilise tous les moyens possibles (contenus, événements, etc.) pour générer des *leads* (adresses email et/ou numéro de téléphone). Cette fournée de *leads* (la pizza) est intégrée dans un outil de marketing automation* (le four). L'objectif est de chauffer ses prospects via une cadence d'emails définie avec soin. Une fois le prospect « à point » selon un système de *scoring*, le prospect est contacté par un commercial pour l'inviter à prendre un rendez-vous et conclure la vente. Un process bien rodé. Des rôles bien distincts. Le hic ? La plupart du temps, la pizza n'a aucune saveur. Ce système a une efficacité très faible avec un taux moyen de conversion proche de 0,1 %. En gros, pour signer un client, il vous faut 1 000 essais...

Et si la pizza n'était tout simplement pas à point ? C'est en substance la question que pose la *demand gen'*. Ça n'en a pas l'air comme ça, mais croyez-moi, il s'agit d'une véritable révolution !

Pour améliorer le goût de notre pizza (= booster l'efficacité de votre stratégie d'acquisition) la *demand gen'* propose de revoir l'ensemble de la recette et tout particulièrement la cuisson... Plutôt que de s'empresser d'enfourner une liste de prospects prétendument « qualifiés », elle met en place un processus de maturation beaucoup plus minutieux qui démarre en amont : avant même de prétendre vendre quoi que ce soit, il s'agit de positionner votre entreprise comme *leader* d'opinion et acteur incontournable sur un sujet précis. Plus qu'une stratégie de contenu, la *demand gen'* repose sur la mise en place d'une véritable machine média !

À rebours de toutes les *best practices* en vogue de l'*inbound* marketing*, le contenu n'est donc plus envisagé comme un simple « appât » qui génère des listes de contact, ni comme un « bonbon » qui mènerait le prospect de rebond en rebond dans un « parcours d'achat » prédéfini (et à mon sens totalement illusoire), mais comme le premier maillon d'un gigantesque bouche-à-oreille digital. Ce contenu est donc ouvert, gratuit, sans contrepartie et surtout, hautement qualitatif.

Ainsi, la *demand gen'* redessine le rôle du marketeur aussi bien que du commercial, lequel, nous le verrons, n'est plus voué à « chasser » de potentiels clients, mais à les « cueillir » une fois que ceux-ci sont arrivés à leur pleine maturation.

PRENEZ LA VAGUE !

Aux États-Unis, de nombreuses entreprises ont placé la *demand gen'* au cœur de leur stratégie. C'est le cas de GetAccept, Cognism, Refine Labs, etc. Cette révolution des pratiques est largement documentée, aussi bien dans la presse business que sur les réseaux sociaux. Mais il en va autrement en France : comme souvent, le marketing a quelques années de retard sur le marché US, la *demand gen'* n'en est qu'à ses balbutiements et demeure encore méconnue du grand public. Toutefois, imperceptiblement, les choses sont en train de bouger… Peu à peu, les pratiques évoluent, des intitulés de poste de *demand gen'* manager fleurissent sur LinkedIn. C'est le signe de l'imminence de la vague. Et c'est une bonne nouvelle. Parce que cela signifie que vous pouvez encore la prendre !

Si vous me lisez, c'est que vous avez croisé cette notion et qu'elle a éveillé votre intérêt. Peut-être constatez-vous dans votre pratique professionnelle un essoufflement des méthodes « traditionnelles » d'acquisition ? Peut-être certains d'entre vous pratiquent-ils déjà la *demand gen'* sans le savoir ? Ou peut-être êtes-vous simplement curieux et ouvert d'esprit ?

Marketeurs, entrepreneurs, salariés, founders, patrons de PME, startuppers ou solopreneurs, c'est à vous tous que je m'adresse ! Dans cet ouvrage j'entends bien sûr vous convaincre de la pertinence de la *demand gen'*, mais je sais que si vous lisez ces lignes, c'est que vous êtes déjà convaincus. J'ambitionne donc surtout de vous livrer les clés de son succès afin que vous puissiez « prendre la vague » et faire prospérer votre entreprise ! Je ne prétends pas vous fournir une recette miracle – le marketing n'est pas une science exacte, chaque entreprise est un cas particulier et l'exécution sera toujours le nerf de la guerre par rapport à la théorie. Aussi, je m'efforcerai autant que possible d'illustrer mon propos à l'aide de cas pratiques en analysant les stratégies de diverses entreprises, françaises et étrangères, multinationales, PME ou même autoentreprises ! Dans la mesure où je suis moi-même spécialisé dans le marketing B2B, c'est dans ce type de business que je puiserai une majeure partie de mes exemples. Mais ceux-ci peuvent aussi nourrir des réflexions pour les entrepreneurs ou marketeurs opérant dans l'univers B2C. N'oublions pas qu'au bout du compte, on vend toujours à des humains !

Avant de rentrer dans le vif du sujet, je vais me présenter brièvement et vous dire quelques mots du parcours qui m'a mené de la finance à la *demand gen'*.

MAXIMISER DES RÉSULTATS EN AJUSTANT DES VARIABLES

Je tiens vous le dire tout de suite, je n'ai aucune légitimité sur le plan académique, je n'ai pas appris le marketing sur les bancs de l'école et rien, dans mes études, ne me prédisposait à devenir « M. Demand gen' ». Mes connaissances dans le domaine du marketing se sont forgées sur le tas, à travers mes expériences et mes tâtonnements, en tant que fondateur de start-up, CMO (Chief Marketing Officier) puis freelance.

Ingénieur de formation dans le domaine de la physique énergétique, j'ai rapidement bifurqué vers la finance de marché. À 25 ans, je commence ma carrière à Londres, en tant que trader au Crédit Agricole. Le jeune homme que je suis fantasme alors le monde de la finance : ses *golden boys*, une ambiance d'émulation et de camaraderie au bureau que j'imagine comme dans les séries, la perspective de gains aussi, il faut bien l'avouer ! Je suis plus particulièrement attiré par cet aspect analytique de l'ingénieur appliqué au monde du business : dans le trading, il s'agit toujours de maximiser des résultats en ajustant des variables dans un système donné, et ça me plaît !

Affilié à l'un des *desks* les plus exigeants, celui des produits structurés, je fais mes preuves en tant que trader et connais de vrais succès qui me valent le respect de mon équipe : notamment en gérant la trésorerie du *desk*, des millions d'euros à dispatcher en treize monnaies différentes suivant les taux que propose le marché, un exercice de pur matheux appliqué à la sphère financière : il s'agit d'optimiser un système clos en jouant sur différentes variables. La stimulation intellectuelle est au rendez-vous. Et pourtant, au bout d'un an, je suis bien obligé de me rendre à l'évidence : je ne suis pas satisfait dans ce job. En cause, la vie de bureau. H24 devant huit écrans, pas de pause déjeuner – culture anglo-saxonne oblige – la lourdeur des process et surtout cette satanée routine ! Ajoutons à cela des collègues, certes brillants, tous issus des meilleures écoles d'ingénieurs, mais pas très fun. Bref, je m'ennuie.

Et puis au fond de moi, il y a autre chose : l'appel du large. Je sens que j'ai besoin de me *challenger* (si vous êtes allergique aux anglicismes, fermez vite ce livre !), vivre l'aventure, mais aussi apprendre, me réinventer sans cesse et développer de nouvelles compétences... La banque ne constitue définitivement pas un cadre d'épanouissement favorable pour le touche-à-tout que je suis.

LA FIBRE ENTREPRENEURIALE

Alors je pose ma démission et revient en France avec la ferme intention de tenter l'aventure entrepreneuriale. Dans quel domaine ? Je n'en ai alors pas la moindre idée. À ce stade, je sais simplement que j'ai envie d'avoir un impact social plus clair, je voudrais œuvrer au service d'un projet qui améliore la vie des gens.

En discutant avec des amis, j'identifie un besoin ou plutôt une grave carence : pour les freelances et plus généralement toutes les personnes dépourvues de CDI – intérimaires, intermittents du spectacle, employés en CDD – acheter un bien immobilier est bien souvent un parcours du combattant. C'est un fait connu, les banques ne prêtent pas à ces gens-là, considérés *de facto* comme « à risque », et ce sans prendre en compte leur chiffre d'affaires... Ma cause est toute trouvée : la démocratisation de l'accès à la propriété, tel sera mon cheval de bataille !

Fort de mes compétences et de ma culture bancaire, je lance Achylles avec deux associés. Le concept de notre start-up, c'est d'aider toutes les personnes solvables, mais sans CDI, à obtenir un emprunt immobilier à travers trois services : le coaching, le courtage et la garantie. Un projet à fort impact social, qui reste lié à l'univers de la finance, et qui me permet de m'éclater intellectuellement et humainement. Achylles coche toutes les cases.

En tant que founder et growth marketer, je prends les rênes de la partie commerciale : Comment faire connaître nos services ? Comment attirer des prospects qualifiés et les convaincre de devenir clients ? Alors je me documente et je commence à suivre toutes les *best practices* de l'*outbound**, de l'*inbound** et du *growth**.

DE L'*OUTBOUND* À L'*INBOUND* MARKETING : TÂTONNEMENTS

Dans un premier temps, c'est surtout l'*outbound* qui me séduit. Pour rappel, le terme *outbound* désigne tout ce qui est relatif à la prospection sortante. Cette stratégie présente des avantages certains : rapidité de mise en place, faible coût et possibilité d'automatisation, un confort non négligeable qui me permet de me consacrer à d'autres tâches !

Ainsi, comme 99 % des entrepreneurs-marketeurs, c'est ce filon que j'exploite en premier, notamment à travers le réseau LinkedIn. J'identifie des profils pertinents et leur adresse des messages privés. À première vue, les résultats semblent assez probants : les retours sont nombreux, mais malheureusement les prospects sont rarement en adéquation avec nos services : on arrive soit trop tôt, soit trop tard, ou bien leurs dossiers sont infinançables même avec notre aide. Et puis, au fil des mois, je décèle un essoufflement de cette méthode. Les retours se font de moins en moins nombreux, LinkedIn durcit ses critères et restreint les possibilités d'ajouts : on passe de 100 par jours à 100 par semaine. Par ailleurs, l'automatisation s'est généralisée et les gens, envahis par les messages de démarchage, se montrent plus méfiants. En bref, ça ne prend plus. Du moins, pas suffisamment à mon goût.

Je m'intéresse alors de plus près au SEO* (Search Engine Optimisation) et parviens en quelques mois à hisser Achylles dans les premières places des résultats sur Google avec les mots-clés « crédit immobilier freelance » ou « crédit immobilier sans CDI ». Les premiers *leads* entrants affluent naturellement et je suis immédiatement frappé par la différence de dynamique entre ces prospects et les autres. Les prospects entrants connaissent déjà notre service, nous ne devons plus déployer aucun effort pour les convaincre, ce sont eux qui nous demandent de prendre en charge leur demande ! **À la différence d'un prospect sortant, un prospect entrant est d'ores et déjà qualifié, c'est-à-dire prêt à passer directement à l'acte d'achat.** Ça peut sembler évident, mais pour moi, il s'agit d'une révélation qui sera déterminante pour la suite de mon parcours.

C'est à ce moment que je teste certaines variantes de l'*inbound* marketing, notamment le *lead magnet**, un contenu Web offert au prospect en contrepartie d'une information de contact. Nous recueillons ainsi des centaines de contacts que nous abreuvons de sollicitations, mais nous n'obtenons pas de demande dans l'immédiat. À mes yeux, cette opération est un échec et elle constitue ma deuxième révélation : **l'inscription à un événement, une newsletter ou le téléchargement d'un contenu ne peut être considéré comme le signal d'une intention d'achat que de manière très marginale.**

J'ai le sentiment de brasser du vent et pourtant, mes pairs m'assurent que mes résultats ne sont pas si mal, très bons mêmes. Certains ont encore moins de MQL (*marketings leads qualified*) et leur taux de conversion est largement inférieur au mien. Je ne parviens pourtant pas à me satisfaire de ces résultats. Sur ma dernière campagne de publicité, le taux de conversion atteint à peine les 1 %… Ce n'est pas possible, il doit exister d'autres techniques… Il faut repenser toute la stratégie !

Finalement, la crise sanitaire sonne le glas de mon aventure entrepreneuriale : le monde est à l'arrêt, les banques retiennent leur souffle et donc par ricochet, notre start-up… Avec mes associés, nous ne parvenons pas à nous accorder sur une stratégie et nous peinons à définir un modèle économique viable. En 2020, je décide de quitter le navire. Le succès d'Achylles n'a pas été à la hauteur de mes espérances – au regard du contexte – mais ce n'est que partie remise ! Car de cette aventure et de mes divers tâtonnements, j'ai adopté le marketing : une bête très intrigante que j'entends bien dompter. C'est décidé, c'est dans cette voie que je veux poursuivre !

UNE INTUITION : LIBÉRER LE CONTENU !

Dans la foulée, je suis embauché comme chief marketing officier chez Thread – un B2B SaaS destiné aux institutions financières comme les asset managers, banques privées, etc. Prudent, je réapplique les *best practices* du marketing avec de l'*outbound*, de l'*inbound*, du *lead gen'**, etc. Soucieux de rester connecté avec le service commercial, je fais en sorte d'être présent aux meetings des commerciaux. Une fois de plus, je suis fasciné par la différence d'intention d'achat entre les prospects qui sont venus d'eux-mêmes et ceux que les commerciaux ont « chassés ». Et je ne peux que constater l'échec des stratégies de contenus dit « fermés » : le téléchargement d'un contenu mène rarement à un achat. Autrement dit, beaucoup d'efforts déployés pour peu de rendements !

Auprès de mon CEO Keith, je propose alors d'infléchir notre stratégie et de passer sur un mode moins transactionnel, en offrant du contenu ouvert et sans contrepartie, de manière à « éduquer » notre cible. À ce moment-là, je n'ai pas encore mis le mot *demand gen'* sur ma démarche. Keith me suit et nous lançons un podcast, *human finance*, sur la base d'interviews de clients et de potentiels prospects.

C'est est un franc succès – il faut dire que Keith dispose d'un charisme naturel et se révèle un excellent animateur. Le podcast nous permet donc d'approcher nos prospects (flattés d'être interviewés), de développer avec eux une vraie intimité professionnelle et ainsi de mieux comprendre les besoins de notre cible, mais aussi de nous faire connaître dans le secteur bancaire, nous conférant une certaine autorité.

Je ne compte pas m'arrêter en si bon chemin ! Puisque cette stratégie de contenu ouvert a si bien fonctionné, pourquoi ne pas mettre les bouchées doubles et concentrer nos efforts sur une *full* campagne de contenus ouverts ? Keith soutient ma démarche, mais malheureusement nos investisseurs se montrent plus frileux… Ce sont d'anciens entrepreneurs, leur culture marketing s'arrête aux années 2000 : pour eux, une stratégie efficace passe nécessairement par davantage de prospection sortante. Autrement dit, je me heurte à un mur. Je m'en accommode pendant quelques mois, mais je me sens bridé. Au fond je n'y crois plus. Alors je prends les voiles. Nous nous quittons en bons termes.

Je décide de me mettre à mon compte en tant que consultant en marketing B2B. Mon premier client, Quantam, est un SaaS finance B2B. Ils me font confiance et j'obtiens carte blanche pour définir leur stratégie marketing. Cette fois j'ai bien l'intention d'aller au bout de mon idée et je mets en place une campagne publicitaire exclusivement orientée contenu ouvert. Nos résultats sont au-delà de mes espérances. Sur les réseaux, l'engagement est incroyable et les demandes de rendez-vous pleuvent ! Je suis de plus en plus convaincu, galvanisé même. J'enchaîne des missions de freelance, j'applique ma recette et le succès est toujours au rendez-vous.

LES MOTS SUR MA STRATÉGIE

À ce stade, je n'ai pas vraiment conscience d'être novateur : dépourvu de tout diplôme en marketing, je suis depuis longtemps en proie à un léger syndrome de l'imposteur : je me vois comme un « débrouillard », j'attribue ces succès à la chance, mon flair et mon énergie, mais je me garde bien de communiquer sur ma méthodologie que j'imagine peu orthodoxe… Puis un jour, sur LinkedIn, je tombe par hasard sur un post qui mentionne le podcast d'un américain, Chris Walker, qui parle de « contenu ouvert ». Curieux, je clique, j'écoute, et là, c'est la révélation :

Ce que ce Chris Walker décrit est *exactement* ma manière de procéder ! Ce que j'ignorais, c'est que cette méthode est théorisée, documentée : elle porte même un nom : la *demand generation* et figure parmi les *best practices* aux États-Unis. Bref, non seulement il s'agit d'une méthode « homologuée », mais pour les marketeurs les plus chevronnés, elle est ni plus ni moins que le futur immédiat du marketing !

Cette découverte me donne des ailes, elle légitime toutes mes observations et toute ma pratique de ces cinq dernières années ! Mon sentiment d'imposture s'est évaporé et je décide de m'adonner à 100 % à la *demand gen'*. C'est ainsi que je deviens demand gen' marketer.

Au moment où j'écris ces lignes, je collabore en tant que consultant avec de prestigieux clients, notamment l'agence TBWA sur des dossiers tels qu'Airbus, et URG, leader de la robotique, pour lesquels je mets en place des stratégies marketing 100 % orientées *demand gen'*. En parallèle, je propose une formation vidéo gratuite dédiée à la *demand gen'* et je suis l'auteur d'une newsletter hebdomadaire destinée aux marketeurs.

Avec le recul, je comprends que mon absence de diplôme en marketing, loin d'être un frein, a constitué un atout précieux : dépourvu de tout préjugé et idées reçues, j'ai pu poser un regard neuf et pragmatique sur les pratiques en cours et oser interroger leur efficacité. Tout au long de mon parcours, j'ai aussi eu l'opportunité de toujours rester connecté aux forces de ventes, ce qui m'a permis d'acquérir une sensibilité toute particulière quant à la maturité des prospects. J'ai ainsi assimilé ce précepte précieux que je voudrais ici graver en lettres d'or :

« La maturité est le premier paramètre qui détermine la conversion de votre prospect en client. Vous avez beau avoir le meilleur commercial du monde, si le prospect n'est pas mature, on ne va nulle part ! »

Alors, comment faire pour accélérer le processus de maturation d'un prospect ?

C'est précisément à cette problématique que répond la *demand gen'*. Mais avant d'en exposer les tenants et les aboutissants, il convient de comprendre le contexte au sein duquel cette stratégie émerge.

Chapitre 1

L'ÈRE DU DARK SOCIAL

En marketing, nous l'avons vu, il n'y a pas de formule magique. Une stratégie marketing efficace, c'est tout simplement l'optimisation des ressources d'une entreprise suivant un contexte. Avant de vous livrer les clés de la stratégie d'acquisition qu'est la *demand gen'*, il est donc fondamental de bien définir le contexte dans lequel elle s'inscrit, à savoir l'avènement d'un nouveau paradigme qui modifie en profondeur les habitudes et les attentes des prospects : le Dark social.

Le Dark social est le phénomène de bouche-à-oreille digital qui conduit un prospect à l'acte d'achat :

- « Dark », parce que ce phénomène a lieu dans l'ombre la plus totale et ne peut pas toujours être mesuré par un logiciel marketing.
- « social » parce qu'il s'agit, vous l'aurez compris, d'un phénomène éminemment social, qui se produit sur les espaces dédiés à la socialisation ou du moins à l'échange, les *dark funnels** : réseaux sociaux (Facebook, LinkedIn, Instagram), plateforme de contenus (YouTube, Twitch, Spotify), groupes privés (Slack, WhatsApp, Discord, etc.), événements en ligne (live, webinaire, visio, etc.) autant d'espaces que le marketeur doit investir en adaptant son contenu.

La *demand gen'*, c'est la stratégie qui prend en compte cette nouvelle réalité en s'efforçant de générer et d'amplifier le phénomène de bouche-à-oreille à son avantage.

Pour bien saisir les défis auxquels nous confronte le Dark social, il importe de comprendre comment a évolué le marketing B2B sur ces trente dernières années. Dans ce chapitre, je vous propose donc une brève histoire de la prospection commerciale, des années 1990 à aujourd'hui.

1. ANNÉES 1990 : L'ÈRE DU COMMERCIAL

Dans les années 1990, Internet – ou plutôt « l'Internet » comme on dit alors – n'en est qu'à ses balbutiements. Google et les réseaux sociaux n'existent pas. Autrement dit, nous nous situons dans la préhistoire du marketing digital. Mais alors, comment les entreprises s'y prennent-elles pour faire connaître leurs services et produits ?

Il y a bien sûr la télévision et la radio (nous sommes encore dans l'âge d'or de la publicité traditionnelle) mais ces canaux sont réservés aux grosses entreprises du fait des budgets exorbitants qu'ils requièrent. Quoi qu'il en soit, ils ne sont pas adaptés au B2B dans la mesure où ils ne permettent pas de mettre en œuvre un ciblage fin. Il reste bien entendu la presse spécialisée, mais surtout, c'est au commercial qu'il incombe de faire connaître les produits et services d'une entreprise.

Le commercial, ou *sale*, se déplace physiquement : il pratique le porte-à-porte et fréquente assidûment les salons professionnels. Il est reçu par ses prospects dans la mesure où ces derniers ne disposent d'aucun autre moyen pour accéder à des produits et services dont ils pourraient avoir besoin. Notre *sale* apparaît donc comme la seule source d'information et intervient d'un bout à l'autre du processus de vente : il toque à votre porte, met en évidence un problème dont vous étiez plus en moins conscient et vous propose une solution. Dans la hiérarchie d'une entreprise, il fait figure de *golden boy*. Il a le pouvoir, il est respecté et célébré.

Dans ces temps-là, le marketing n'est conçu que comme un accessoire du commercial et se réduit quasi exclusivement au *print* (brochure, carte de visite, catalogue). On peut considérer que son impact n'est que de 5 % sur l'intention d'achat des prospects.

2. ANNÉES 2000 : L'ÈRE DE LA PROSPECTION SORTANTE

Les années ont passé, la prospection physique se fait davantage à distance : par téléphone et surtout par email. En effet, au tournant des années 2000, celui-ci s'est imposé comme la norme pour communiquer.

Dans la relation commerciale, le *sale* détient toujours le pouvoir dans la mesure où il demeure la seule source d'information. Cependant, la révolution digitale modifie radicalement ses perspectives en termes de volume de prospection. En une journée, il ne rencontrera pas cinq personnes, mais pourra potentiellement toucher des dizaines, voire des centaines de prospects !

Toutefois, pour ce faire, encore faut-il obtenir des adresses email et des numéros de téléphone. Les listes de contacts deviennent « l'or » que les entreprises s'arrachent, elles font l'objet d'un commerce et certaines entreprises en font leur beurre à l'instar de Kompass et Cartégie. À partir de ces listes, le commercial *cold call* et *cold email**, c'est-à-dire qu'il démarche à froid. D'abord manuellement, puis, pour les plus avertis, en automatisant : l'*email automation** permet encore d'accroître les volumes de prospection : c'est ainsi que Salesforce, pionnier en la matière, explose le marché du CRM.

Avec la révolution de l'automatisation, la notion de « productivité commerciale » s'installe. La prospection – jusqu'alors artisanale – s'industrialise, ce qui donne lieu à une division du travail façon fordisme : l'équipe commerciale se scinde en deux pôles. L'équipe SDR (Sales Développement Representatives) se dédie exclusivement à la prise de rendez-vous, tandis que les Account Executives, profils généralement plus qualifiés, prennent le relais dans la prise en charge du client jusqu'au *closing*, la vente (notez au passage que cette organisation est encore en vigueur dans bien des entreprises.)

En parallèle, Internet a mûri. Avec l'accroissement de la vitesse de téléchargement, les sites Internet sont plus agréables à consulter, ils se parent d'images, de vidéos et leur création ou l'accès à leur création se démocratise (c'est la naissance de Wordpress !). Le marketing se développe et commence à se digitaliser. Son impact dans l'intention d'achat se situe à peu près autour de 15 %.

3. 2005 : L'ÈRE DU CONTENU FERMÉ OU *LEAD GEN'*

Quelques années plus tard, Internet s'est consolidé et centralisé autour des moteurs de recherche : Google est déjà en train de remporter le jeu. Le nerf de la guerre est à présent le référencement, ou comment se hisser en tête des moteurs de recherche à partir de mots-clés. C'est l'âge d'or du SEO, et l'avènement de son corollaire : le contenu.

HubSpot l'a compris avant tout le monde : les contenus à forte valeur génèrent du trafic, autant de prospects qui peuvent être harponnés puis drainés où on veut, c'est-à-dire en direction du rendez-vous commercial. Le *lead magnet* fait son apparition : un contenu à forte valeur ajoutée (livre blanc, étude de cas, étude sectorielle, etc.) en échange d'une simple adresse email ou d'un numéro de téléphone. Du point de vue des prospects, c'est du pain béni ! Rappelons que jusqu'alors, il fallait faire appel à des cabinets coûteux pour recueillir des informations spécialisées sur tel ou tel secteur. Mais comme dit l'adage : « Quand c'est gratuit, c'est que c'est vous le produit. »

En effet, les contenus ainsi échangés contre un contact génèrent des listes de prospects – des prospects considérés comme hautement qualifiés dans la mesure où ils ont montré un intérêt pour le sujet en téléchargeant un contenu. Et le commercial ne compte pas les lâcher en si bon chemin : ils seront abreuvés d'emails automatisés, d'appels, traqués jusqu'à ce qu'ils se décident à acheter. C'est ce qu'on appelle le *lead nurturing** à la sauce *inbound* marketing.

Loin de n'être qu'une simple transposition des prospectus papier au numérique, le marketing digital développe des tactiques de plus en plus sophistiquées, des contenus toujours plus alléchants, et la profession commence à se diversifier. Aboutissement suprême de la *lead generation* : le *growth marketing** fait son apparition au tournant des années 2010. Cette stratégie très prisée des starts-up consiste à décomposer minutieusement les étapes du cycle d'achat pour mieux les optimiser et ainsi acquérir un maximum de croissance en peu de temps. Elle repose sur un *framework* précis, le fameux AARRR (Acquisition, Activation, Rétention, Recommandation et Revenu).

À mesure que le contenu disponible sur Google s'étoffe, le commercial perd de son aura. Il n'est plus la seule source d'information. Le prospect s'est largement autonomisé.

On a bel et bien basculé dans l'ère du contenu.

Mais si les méthodes et tactiques ont évolué depuis le bon vieux prospectus, le *mindset* demeure fondamentalement le même que dans les années 1990. Le contenu, tout sophistiqué qu'il soit, est envisagé comme un appât au service du commercial.

In fine, le commercial est toujours la tête pensante de l'ensemble du processus de vente.

4. 2015 : L'ÈRE DU DARK SOCIAL

Que s'est-il passé dans la décennie 2005-2015 ? Les stratégies précédentes se sont tout simplement généralisées jusqu'à devenir des *best practices* et ont ainsi mécaniquement perdu de leur efficacité. En s'industrialisant, le marketing perd peu à peu de son humanité.

Le Dark social est un phénomène qui résulte à la fois de l'essoufflement des stratégies de contenu fermé et de l'évolution technologique de la décennie précédente : l'avènement du Web 2.0. Je relève ci-dessous les principales évolutions de la décennie.

+ UN PROSPECT DE PLUS EN PLUS MÉFIANT

D'abord, le prospect a développé une méfiance vis-à-vis du commercial : celui-ci prêche forcément pour sa paroisse, il n'est pas objectif quand il recommande son produit. C'était déjà le cas hier bien sûr, mais à présent, le prospect dispose de tout le contenu nécessaire pour se forger son propre avis. Le commercial n'est plus systématiquement le bienvenu et le rendez-vous, qu'il soit en présentiel ou à distance, prend valeur d'engagement. Or, le prospect ne souhaite s'engager que s'il est déjà convaincu.

Abreuvé de contenus biaisés, basiques ou auto promotionnels, le prospect a par ailleurs développé un filtre naturel qui lui permet d'identifier en un coup d'œil un contenu « commercial » et de le traiter avec distance. Le taux d'ouverture des emails, offres ou newsletters se réduit peu à peu et l'efficacité des stratégies de contenus fermés s'essouffle. Pire, elles sont ressenties comme intrusives : le prospect rechigne de plus en plus à délivrer son adresse email, il préfère bien souvent passer son chemin plutôt que de remplir un formulaire en ligne. Dans les faits, le taux de rebond moyen devant un formulaire se situe entre 70 % et 90 % !

+ L'EXPÉRIENCE CLIENT, UN ENJEU CONSIDÉRABLE

Au cours des dix dernières années, le B2C a imposé de nouvelles pratiques : un parcours d'achats lissé, des informations d'une clarté inégalée, l'achat en un clic, des recommandations astucieuses, le tout avec une sécurisation de vos données. Le modèle du genre est Amazon qui vous permet d'accéder à n'importe quel produit en un clic, de comparer, de bénéficier des avis de centaines de clients et qui vous livre en moins de 24 heures !

Peu à peu, le modèle infuse dans le B2B et l'« expérience client » (CX) revêt un enjeu considérable : le prospect a relevé son niveau d'exigence. Il veut de la rapidité, de la transparence. À l'inverse, trop de clics, un formulaire de contact, l'inscription à un compte client sont ressenties comme autant de frictions.

+ L'IMAGE DE MARQUE, LE NERF DE LA GUERRE

Du fait de l'augmentation exponentielle du contenu, on bascule dans une économie de l'attention : le prospect n'a jamais été aussi autonome dans son parcours d'achats ni aussi engagé dans ses convictions personnelles. Il exige la qualité, la rapidité, mais aussi du fun, de l'écolo, du socialement responsable, de l'inclusif, du bienveillant... Bref, des valeurs qui lui parlent.

Le marketing digital monte encore en puissance, sa mission n'est plus seulement de collecter des contacts, mais de susciter l'affinité. Pour sortir du lot, l'image de marque, ou encore le *branding*, devient le nerf de la guerre, s'appliquant aussi bien aux entreprises, à leurs produits qu'aux individus qui la représentent, CEO, founders, etc. Le *personal branding* explose, notamment à travers LinkedIn. Le réseau social n'est plus un simple catalogue digital de CV, mais un terrain de chasse de prospections et une véritable tribune où chacun peut prendre la parole !

Le marketing dans son ensemble a donc pris le relais sur la partie acquisition. On peut estimer son impact sur l'intention d'achat aux alentours de 80 %. La profession se diversifie en de multiples ramifications : brand content manager, CX manager, copywriter, social media manager, paid search manager, community manager, rédacteur web, web designers... Le champ d'interventions du commercial se réduit quant à lui à la prise en charge du prospect.

CAS D'ENTREPRISE

DEUX AGENCES À SUCCÈS AVEC LA *DEMAND GEN'*!

Je voudrais ici mettre en lumière deux entreprises Françaises B2B qui ont su déployer une stratégie *demand gen'* avant tout le monde, peut-être même sans le savoir : les agences KÖM et Coudac.

La première est une agence vidéo, la seconde une agence de communication digitale spécialisée dans l'e-commerce.

Avant toutes choses, il faut bien comprendre que de telles agences évoluent dans un écosystème particulièrement compétitif. Bien souvent, les prospects en quête de ce type de service comparent les agences uniquement sur leurs grilles tarifaires. Naturellement, ils tendent à privilégier les moins chères, ce qui entraîne un nivellement des tarifs par le bas. Un peu comme pour les freelances ou les chauffeurs de VTC.

KÖM et Coudac sont des jeunes agences, elles ont compris qu'elles ne feraient jamais le poids face aux «grosses» agences installées depuis plusieurs décennies. Pas question pour autant de se vendre au rabais ! Alors, pour sortir du lot, une seule solution : gagner le cœur des prospects avec une marque très forte, et ce, le plus tôt possible, bien en amont d'une quelconque intention d'achat de leur côté.

Rien ne sert de lutter « à la loyale », il faut désarmer ses adversaires en déplaçant la lutte sur leur terrain, celui où elles excellent. En l'occurrence, pour l'agence KÖM, c'est l'image et surtout la vidéo (spots publicitaires, interview, vidéos 3D). L'agence a ainsi eu l'idée de créer son propre média, KÖM MEDIA, qui propose des interviews avec des chefs d'entrepirses, des CEO de start up, des artistes ou encore des sportifs. Une manière de « starifier » leurs clients, de rendre visible leur *success stories*, mais aussi de les transformer en futurs ambassadeurs. Avec plus de 200 interviews, la chaîne capte 100 000 abonnés et des millions de vues ! Évidemment, les demandes entrantes suivent : en 2022, KÖM a réalisé plus de 3 millions de chiffre d'affaires, et tout cela sans commerciaux.

De la même manière, l'agence Coudac a mis en place une véritable machine média et fédéré une large communauté autour de son très jeune fondateur : Théo Lion (25 ans), sur YouTube, LinkedIn, TikTok, etc. Là encore, des interviews de personnalités business, des guides et tutos pratiques, des analyses marketing plus grand public, le tout dans une ambiance amicale et fun à mille lieues des codes professionnels traditionnels. Théo Lion ne cherche pas à se la raconter ni à se vieillir, il n'hésite pas à partager les coulisses de son entreprise, à revenir sur ses réussites aussi bien que ses échecs. Il gagne ainsi le cœur de son public tout en se construisant une position de *leader* d'opinion ! La chaîne YouTube compte à ce jour plus de 50 000 abonnés et Théo est suivi par 77 000 abonnés sur LinkedIn au moment où j'écris ces lignes. Forte de la visibilité de son fondateur, l'agence Coudac cartonne et se déploie bien vite en diverses marques : Linker (agence d'influence et de *ghostwriting* sur LinkedIn), Le Labo (studio créatif de création de contenus) ou encore la Fabrique à Brutes (formations). En 2023, l'agence atteint près de 10 millions d'euros de chiffre d'affaires.

+ DE GOOGLE AUX RÉSEAUX SOCIAUX : L'HYPERCONNEXION ENTRE PAIRS

L'une des évolutions majeures des dix dernières années est indéniablement l'avènement des réseaux sociaux, le fameux Web 2.0.

Google est toujours le point d'entrée d'Internet, mais le moteur de recherche est utilisé de façon ciblée, transactionnelle et non plus comme un outil de veille. On ne «surfe» plus sur Google comme au temps des blogs, on y cherche une réponse à une question précise. En revanche, on passe du temps sur les réseau (LinkedIn, WhatsApp, Facebook, Instagram...) les plateformes de contenus (YouTube, Spotify, Twitch...) et les plateformes collaboratives (Slack, Discord, Teams...). C'est sur ces canaux, les *dark funnels*, que le prospect se trouve naturellement, aux heures de bureau aussi bien que le week-end. Il peut ainsi solliciter n'importe qui n'importe quand, recueillir des réponses et des avis sur tel ou tel produit, avis d'autant plus fiables qu'ils émanent de connaissances, de relations et de pairs.

Mais la majeure partie du temps, le prospect ne cherche rien de particulier, il est parfois interpellé, séduit par un contenu, un article, une vidéo ou même une simple mention dans un post. C'est ainsi qu'il découvre «passivement» des produits et services. Tout l'enjeu de la *demand gen'*, vous l'aurez compris, est de faire en sorte qu'il s'agisse de *votre* contenu.

ZOOM

POURQUOI LES *BEST PRACTICES* SONT TOUJOURS *HAS BEEN*?

En tant que consultant et formateur *demand gen'*, je me vois souvent adresser l'objection suivante : certes, le marché de la prospection évolue, mais si les pratiques de prospection sortante ainsi que les pratiques de contenus fermés subsistent, n'est-ce pas parce qu'elles fonctionnent tout de même ?

Autrement dit, faut-il jeter à la poubelle les *best practices* en faveur de la d*emand gen'*, une stratégie sur laquelle on ne dispose pas vraiment de recul ?

Non, bien évidemment, tout dépend de votre secteur d'activité. Mon propos n'est pas aussi radical et une stratégie mixte peut parfaitement s'envisager (nous y reviendrons).

Mon objectif est simplement de vous aider à optimiser votre stratégie d'acquisition en plaçant vos ressources – votre temps et votre argent – au bon endroit, c'est-à-dire en investissant dans une stratégie d'avenir. Mais qu'est-ce qu'une stratégie d'avenir ?

Il importe de bien comprendre qu'une stratégie marketing, à l'instar d'une mode vestimentaire, a une durée de vie, laquelle se mesure généralement en années. Quand on qualifie une stratégie de *best practice*, cela signifie qu'elle est adoptée massivement par les entreprises. Or, plus une stratégie est utilisée, moins elle sera différenciante. Ainsi, son efficacité s'amenuise inévitablement au fil du temps. Une *best practice* sera donc toujours, par définition, en décalage avec la réalité du marché. Au moment de son pic d'adoption, le marché est déjà passé à la suivante.

Le rôle du marketeur est précisément de prendre un coup d'avance sur le marché en repérant le courant de demain, de manière à placer ses pions au bon endroit. Le « meilleur » marketing est celui dont vous êtes à l'origine. Pas celui qui consiste à emprunter le *playbook* du voisin. En marketing, quand tout le monde zig, vous devez zag !

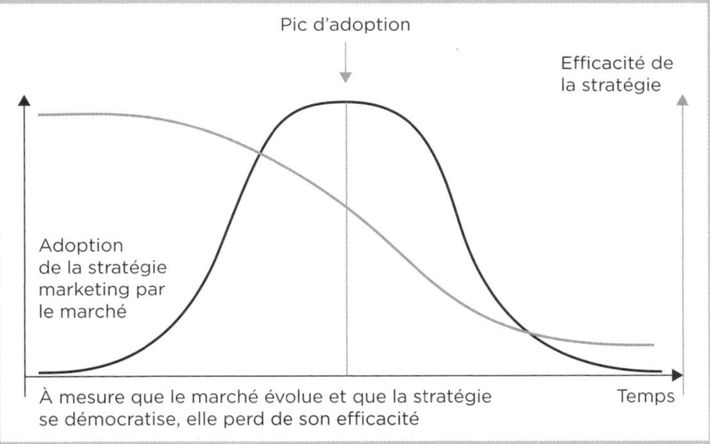

Bien évidemment, la *demand gen'*, en tant que stratégie marketing, n'échappe pas à cette fatalité : elle est vouée à l'obsolescence à terme.

Cependant, à horizon proche, elle apparaît indéniablement comme la stratégie gagnante : sur le marché français, on peut considérer que la courbe de l'efficacité de cette méthode n'a pas encore croisé la courbe de son adoption par le marché. Ce qui signifie que si vous l'appliquez dès maintenant ou dans un futur proche, vous bénéficierez (encore) d'un degré d'efficacité optimal !

RÉCAP'

Le Dark social peut donc être défini comme le phénomène de découvrabilité d'un produit par un prospect qui se trouve en situation de recherche passive.

Les *best practices* que sont l'ABM*, l'*inbound* et le *growth marketing* vont à l'encontre des changements fondamentaux observés dans le comportement d'achat aujourd'hui : elles visent à acquérir de nouveaux clients en passant principalement par de la prospection avec des acheteurs qui ne sont pas en recherche active. Or :

- les acheteurs veulent désormais effectuer leurs recherches de manière totalement indépendante ;
- ils préfèrent prendre conseil auprès de sources tierces auxquelles ils accordent leur confiance (pairs, groupes, communautés) plutôt qu'auprès des représentants commerciaux des entreprises.

Un tel désalignement entre l'état d'esprit des prospects et les méthodes commerciales déployées à leur égard engendre des frictions et entraîne des cycles de vente plus longs, des taux de réussite plus faibles, un coût d'acquisition plus élevé : bref un retour sur investissement globalement insatisfaisant !

La *demand gen'*, c'est la stratégie qui prend en compte ces changements dans les habitudes et exigences du prospect et qui compose avec.

Elle consiste alors à investir les espaces où les gens se trouvent naturellement, et à pénétrer dans les *dark funnels* à l'aide de contenus adéquats, de manière à amplifier ce phénomène de bouche-à-oreille en faveur des produits qu'elle souhaite promouvoir.

À la différence des stratégies dites de *lead gen'*, la *demand gen'* n'envisage plus le contenu comme un simple appât et plaide en faveur d'un contenu ouvert. Au lieu de collecter des *leads* ou d'autres signaux pour faciliter la prospection des commerciaux, le marketing a pour vocation de guider, et d'accélérer la recherche indépendante de l'acheteur B2B.

Si on va au bout de la logique *demand gen'*, le commercial ne «prospecte» plus, il se contente de recueillir la demande afin de la convertir. De chasseur, il est devenu cueilleur !

Chapitre 2

LA MÉTHODE *DEMAND GEN'* : GRANDES LIGNES ET ÉTAPES CLÉS

J'entends bien souvent le discours suivant : « Dans mon industrie, mon secteur et pour ma cible, c'est normal que le processus d'acquisition soit long, on a un produit complexe et notre industrie fonctionne encore à l'ancienne… C'est comme ça. »

Alors non, non et NON ! Il n'existe aucune fatalité dans le business ! Votre efficacité commerciale (d'acquisition) n'est aucunement conditionnée par votre industrie, mais par votre *Go-To-Market* (littéralement, « aller au marché ») c'est-à-dire la manière dont allez pêcher vos prospects :

Il existe deux grandes familles de *Go-to-Market* :

- celles qui *influencent* le revenu : cela signifie que le marketing passe la balle au commercial via des contacts email qu'il a obtenu grâce à des contenus fermés. Le marketing ne génère donc pas directement de la vente du point de vue de l'entreprise, il n'est qu'un « facilitateur », et c'est au commercial qu'il incombe de relancer, échanger et convertir. Un GTM qui influence le revenu joue principalement sur la *quantité* d'opportunités au détriment des autres leviers. Le commercial intervient le plus tôt possible (en général, peu de temps après le téléchargement d'un contenu, d'une inscription à un événement, etc.) ;
- celles qui *sourcent* le revenu. Dans ce *Go-To-Market*, le marketing passe toujours la balle au commercial, mais cette fois-ci, le commercial accueille un *lead* « tout chaud » qui se présente de lui-même au rendez-vous. Le marketing n'est plus un facilitateur, mais un générateur de revenu. Un GTM qui source le revenu joue sur la *qualité* des opportunités. En mode *sourcing*, le commercial n'intervient pas avant que le prospect ne l'ait explicitement demandé.

Vous l'aurez deviné, la *demand gen'* appartient résolument à la deuxième famille : parce que ramener le plus de prospects possible, c'est une chose, mais encore faut-il que ce soit de *bons* prospects, c'est-à-dire qu'ils soient suffisamment « mûrs ». Et la *demand gen'* considère qu'un prospect qui n'a pas levé la main de lui-même ne peut être considéré comme tel : vous gaspillez votre énergie en le sollicitant et à terme, vous risquez de vous essouffler (et accessoirement de le gonfler).

Dans ce chapitre, je vous expose la méthode *demand gen'* dans sa globalité : sa démarche, les étapes de son déploiement ainsi que l'organisation qu'elle implique. J'y introduirai également des notions clés relevant aussi bien de la sphère marketing que de la sphère commerciale : celles de vélocité commerciale et de *funnel* de vente notamment.

1. LA VÉLOCITÉ COMMERCIALE : L'OUTIL PHARE DU MARKETEUR *DEMAND GEN'* !

+ LA NOTION DE VÉLOCITÉ COMMERCIALE

La vélocité commerciale est la vitesse de chiffre d'affaires généré par une entreprise sur une période donnée.

Elle tient en une équation simple :

$$\text{Vélocité commerciale (€ / trimestre)} = \frac{\text{Nombre d'opportunités créées durant le trimestre} \times \text{CA moyen des opportunités gagnées durant le trimestre} \times \text{Taux moyen de conversion des opportunités durant le trimestre}}{\text{Durée moyenne du cycle de vente des opportunités gagnées durant le trimestre}}$$

Ici, on parle de la vitesse par trimestre, mais on pourrait tout aussi bien calculer une vélocité commerciale mensuelle ou annuelle. Quoi qu'il en soit, cette formule signifie que la quantité de *leads* générés est loin d'être la seule variable qui impacte les performances commerciales. Au-delà du nombre de *leads*, il faut aussi considérer la valeur, le taux de conversion et la durée du cycle de ces opportunités, autant d'indicateurs de « qualité des prospects », c'est-à-dire leur degré de maturité dans leur parcours d'achat.

Parce que c'est le KPI* qui intègre le mieux cette dualité qualité/quantité, la vélocité commerciale est la *North Star Metric* du marketeur *demand gen'*. Mais celui-ci va plus loin…

+ LA VÉLOCITÉ COMMERCIALE PAR SOURCE DE *LEAD*

Le terme de « source » de *lead* désigne la méthode qui vous permet de « capturer » la demande, concrètement : générer un rendez-vous commercial avec votre prospect et ainsi convertir un potentiel intéressé en client.

On distingue six sources de *lead* :

- l'intention déclarée : la conversion a lieu sur le site Web au moment où les gens prennent rendez-vous ;
- l'ABM : la conversion se fait via prospection sortante sur une cible identifiée comme telle par un logiciel ABM (Account Based Marketing*) ;
- le *cold outbound* : la conversion se fait via la prospection sortante sur une cible identifiée comme telle (sans logiciel ABM) ;
- les partenariats : la conversion se fait via un partenaire ou une affiliation payante ;

- les événements : la conversion se fait via un événement propriétaire, sponsorisé, privé ou encore un salon ;
- la *lead generation* : la conversion se fait à la suite d'une capture d'email via un contenu fermé.

Les entreprises ont généralement entre trois et cinq sources de *leads* en fonction de leur maturité et de leur modèle. Suivant la source dont ils sont issus, les *leads* engendrent des dynamiques différentes en termes de vélocité commerciale. De fait, chaque source est corrélée à un niveau d'intention de l'acheteur correspondant à son niveau d'avancement dans le processus d'achat. Mais alors que se passe-t-il si on calcule la vélocité commerciale propre à chaque source de *lead* ?

Considérez les schémas suivant qui s'applique à une entreprise B2B SaaS dans la cybersécurité avec un CA de 7 millions d'euros.

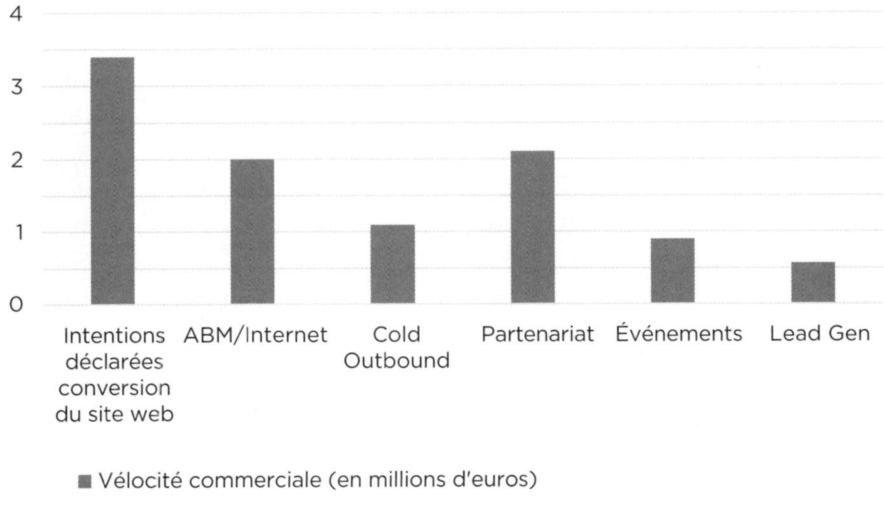

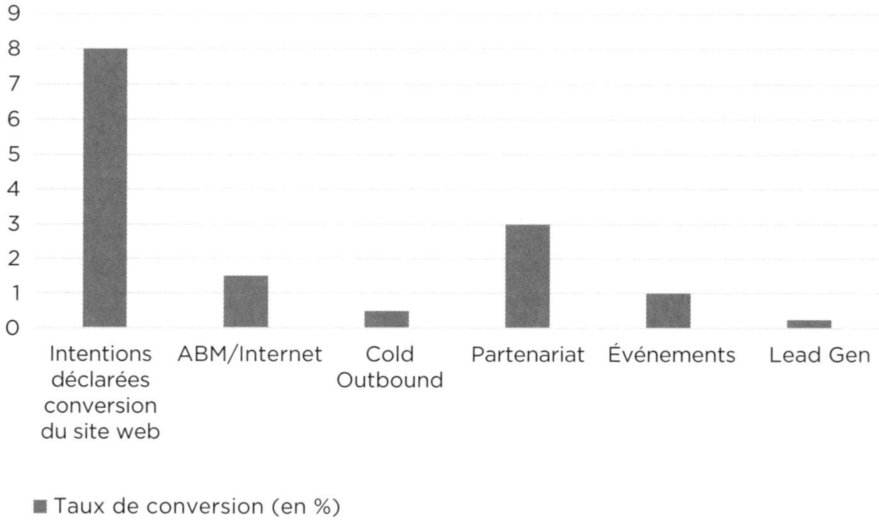

Intentions déclarées conversion du wed	**ABM/ Internet**	**Cold Outbound**	**Partenariat**	**Événements**	**Lead Gen**
Véloc. com. **3,4 M €**	Véloc. com. **2 M €**	Véloc. com. **1,1 M €**	Véloc. com. **2,1 M €**	Véloc. Com. **900 k €**	Véloc. Com. **565 k €**
Taux opportunité qualifiées **25 %**	Taux opportunité qualifiées **15 %**	Taux opportunité qualifiées **15 %**	Taux opportunité qualifiées **20 %**	Taux opportunité qualifiées **8 %**	Taux opportunité qualifiées **10 %**
Leads requis pour closer un deal **13**	Leads requis pour closer un deal **66**	Leads requis pour closer un deal **200**	Leads requis pour closer un deal **33**	Leads requis pour closer un deal **100**	Leads requis pour closer un deal **500**
Taux conversion **8 %**	Taux conversion **1,5 %**	Taux conversion **0,5 %**	Taux conversion **3 %**	Taux conversion **1 %**	Taux conversion **0,25 %**

Sans surprise, les prospects issus de la source « intention déclarée » (c'est-à-dire les prospects entrants) apparaissent comme les plus qualifiés avec un taux de conversion de 8 % ! C'est tout à fait logique, puisqu'ils ont fait par eux-mêmes la démarche de prendre rendez-vous, via le site Web de l'entreprise.

Les résultats des autres sources sont nettement inférieurs : vous ne serez pas non plus surpris de constater que le grand perdant, c'est la *lead gen'* ! Pas moins de 500 *leads* sont requis pour conclure une seule vente.

On peut en déduire que ces sources de capture vont « pêcher » le prospect trop tôt dans son processus d'achat : il n'est pas mûr et cela se ressent inévitablement dans les taux de conversion. Autrement dit, en se focalisant sur ces sources, on va perdre beaucoup de temps pour ne ramasser au mieux que des miettes. Et c'est toute l'efficacité commerciale de l'entreprise qui en pâtit. *A contrario*, considérez la prise de rendez-vous par les prospects eux-mêmes comme le seul vrai signal d'intention d'achat !

Finalement, ces chiffres ne font que corroborer nos observations précédentes : avec l'avènement du Dark social, le prospect aspire désormais à l'autonomie. S'il n'a pas levé la main de lui-même, c'est tout simplement qu'il n'a pas envie de parler à un commercial, quand bien même il aurait téléchargé un livre blanc ou assisté à un de vos événements. Pourquoi vouloir à tout prix interpréter ces actions comme des signaux d'intention d'achat ?

À partir de ce constat pur et simple (le seul signal d'intention d'achat qui vaille est la prise de rendez-vous effectuée par le prospect lui-même), la *demand gen'* décide de renverser la table : plutôt que de s'acharner à « traquer » des *leads* sur la base d'une très hypothétique intention d'achat qu'on lui prête, elle se donne pour objectif d'encourager, de guider et d'amplifier la recherche indépendante afin que les acheteurs viennent d'eux-mêmes engager leur processus d'achat avec l'entreprise.

Je devine votre objection : « Mais un *lead* peut très bien avoir pris connaissance de ma solution en assistant à un salon ou via l'un de mes partenaires pour ensuite prendre rendez-vous sur mon site ! » Cela a-t-il du sens de comparer ces sources ?

C'est tout à fait vrai. Mais cela ne constitue pas une objection, au contraire. Encore une fois il ne s'agit pas ici de mesurer l'impact global de chacune de ces actions, mais bien de mesurer la capacité de conversion propre à chacune. Une demande entrante via votre site Web, qu'elle ait été motivée en amont par une rencontre lors d'un salon ou autre, sera considérée comme une demande entrante : une intention déclarée. Loin de constituer un biais de mesure, cette approche plaide plutôt en faveur d'une évaluation plus adaptée des autres sources que sont les salons, la création et la diffusion de contenus : elles ne doivent pas être conçues comme des sources de capture, mais comme des sources de notoriété. Parce qu'elles ne répondent pas à un objectif de *conversion*, mais bien à un objectif de *génération* de la demande.

Concernant la stratégie de contenu qu'est la *lead gen'*, dès lors qu'elle répond à un objectif de notoriété et non de capture, on ne voit plus vraiment l'intérêt de maintenir ce contenu fermé.

Générer x Capturer la demande

Créer la demande (audience passive)

Un marketing de communication basé sur les messages clés à faire passer à son audience cible.

Podcast, événements, social organique, social payant, bouche-à-oreille, RP, communauté.

← Les canaux Dark social sont difficiles à mesurer. C'est pourquoi la plupart des entreprises B2B ne les maîtrise pas.

Capturer la demande (audience active)

Un marketing de performance basé sur l'intention qui convertit les acheteurs lorsqu'ils sont sur le marché.

SEA, reciblage, SEO, CRO, emails.

← Des canaux attribuables avec un ROI clair.

Convertir la demande

Rendez-vous de démo, suivi personnalisé, etc.

2. LES DEUX STRATES DE LA *DEMAND GEN'*

Se dessine ainsi peu à peu le *funnel** ou entonnoir *demand gen'* : on y distingue deux strates, une couche «génération de la demande» et une couche «capture de la demande», qui correspondent à deux niveaux de maturité du prospect. Sur le plan opérationnel, la mise en place d'une stratégie *demand gen'* s'élabore donc en construisant ces deux strates de manière distincte.

+ LA GÉNÉRATION DE LA DEMANDE

Elle constitue le haut du *funnel* de vente. Elle consiste à investir les canaux de notoriété (*dark funnels*) pour générer un phénomène de bouche-à-oreille en faveur de votre solution et la faire connaître le plus en amont possible de l'intention d'achat. Elle s'adresse donc à un prospect en situation de recherche passive.

Dans le déploiement de cette couche «génération de la demande», on cherchera à entrer naturellement en relation avec les acheteurs de demain en proposant des contenus larges afin de développer sa notoriété et de mettre en place une véritable relation d'affinité : il s'agit d'éduquer la cible et d'être le favori dans la tête des prospects avant même que ceux-ci n'expriment un quelconque besoin de votre solution.

+ LA CAPTURE DE LA DEMANDE

Elle constitue la partie basse du *funnel* et consiste à investir les canaux d'intention (moteurs de recherche) pour convertir la demande en **intention déclarée** (le moment où le prospect «lève la main»), laquelle sera ensuite convertie en ***meeting* qualifié** : c'est le moment où le commercial entre en scène, pour «cueillir» la demande et la transformer en **opportunité gagnée**. Contrairement à l'étape précédente, on s'adresse donc ici à un prospect en situation de recherche active de votre solution ou d'une solution similaire à la vôtre, que sa demande ait été motivée par votre marketing *demand gen'* en amont ou bien qu'il s'agisse d'une demande spontanée.

Évidemment, sur le terrain, les frontières entre ces deux strates peuvent être poreuses, mais il est fondamental de bien appréhender cette bipartition et la logique qui la sous-tend. En effet les objectifs que l'on poursuit dans chacune de ces couches ne sont pas les mêmes : l'erreur de la *lead gen'* est précisément de ne s'adresser qu'à une audience active, alors que 99 % des gens ne sont PAS dans une démarche active. Il est contre-productif de proposer une démo sur LinkedIn et même idéalement, mieux vaut éviter de parler directement de sa solution, parce qu'une telle démarche est en dissonance totale avec l'état d'esprit des prospects lorsqu'ils fréquentent LinkedIn !

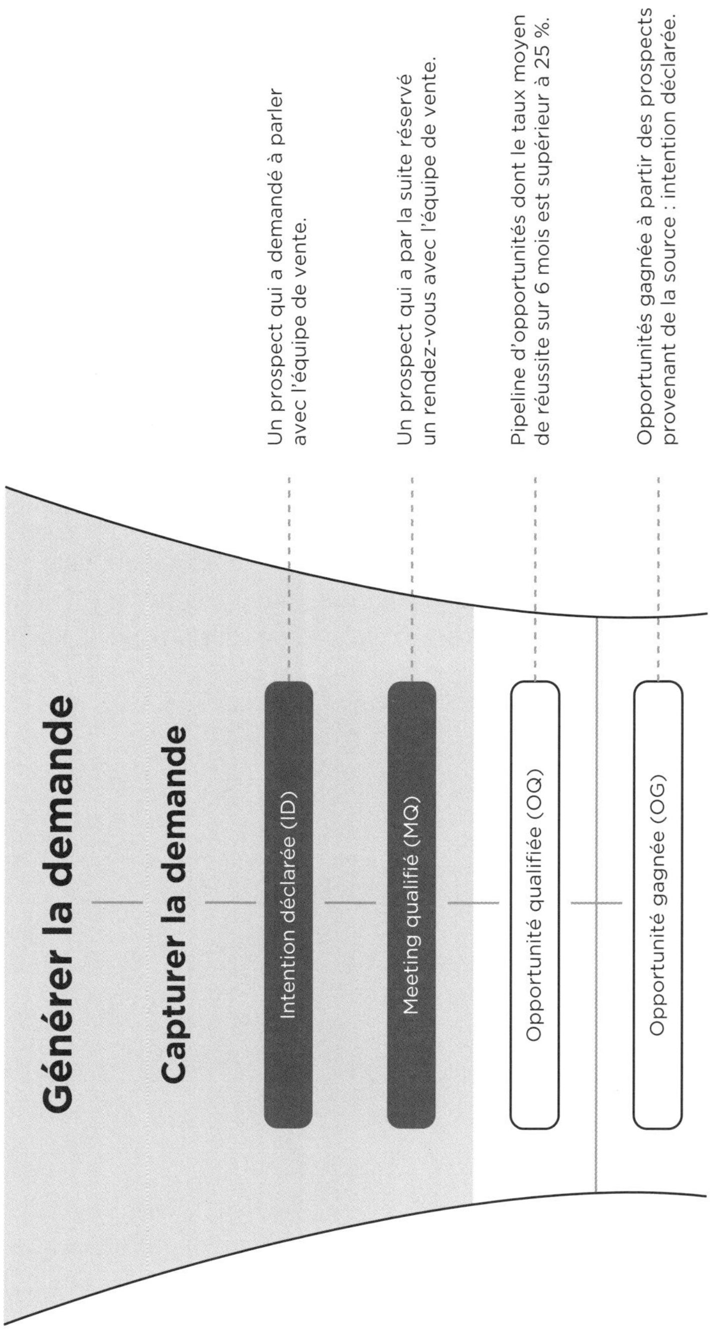
Générer la demande
Capturer la demande
Intention déclarée (ID)
Un prospect qui a demandé à parler avec l'équipe de vente.
Meeting qualifié (MQ)
Un prospect qui a par la suite réservé un rendez-vous avec l'équipe de vente.
Opportunité qualifiée (OQ)
Pipeline d'opportunités dont le taux moyen de réussite sur 6 mois est supérieur à 25 %.
Opportunité gagnée (OG)
Opportunités gagnée à partir des prospects provenant de la source : intention déclarée.

Dans la couche « capture » à l'inverse, on s'adresse à des prospects en situation de recherche active. Il s'agit non seulement d'être visible sur les moteurs de recherche, mais aussi d'avoir la capacité de convertir les demandes en rendez-vous qualifiés à l'aide d'un site Web efficace. À cet endroit, une démo sera tout à fait la bienvenue et même hautement souhaitable !

> *Prenons l'exemple de Thierry, patron de Bontuyo – entreprise qui vend des tuyaux pour les industriels. Comme tout dirigeant, il souhaite continuellement améliorer sa capacité à acquérir de nouveaux clients et se pose la question de mieux s'outiller sur le plan informatique. Seulement voilà, au quotidien Thierry est très pris, il gère le day-to-day comme on dit et il a tendance à reléguer au second rang les projets de longs cours. Entre le moment où il se dit que ce serait peut-être une bonne idée de faire appel à de nouveaux outils et le moment où il se décide enfin à passer à l'action, il peut s'écouler plusieurs mois, voire des années ! Cependant, dans son temps libre, entre deux rendez-vous, Thierry consulte les réseaux sociaux, les blogs ou YouTube. Il est en veille : un état passif de consommation de contenus pour passer le temps, se distraire, mais aussi pour s'informer et se cultiver. C'est ainsi qu'à travers un podcast dédié à la vente sur YouTube, Thierry fait la connaissance de Damien – un dirigeant qui explique avec conviction la nécessité d'une bonne gestion des données commerciales et qui donne quelques pistes pour y arriver. Thierry découvre notamment l'existence des CRM intelligents et l'idée d'en acquérir germe peu à peu en lui. Il en discute avec ses employés, avec quelques amis entrepreneurs et va même jusqu'à partager sa réflexion sur un groupe Facebook autour de l'entreprenariat. En parallèle de ses recherches, Thierry continue de consulter le contenu de Damien sur LinkedIn. Ce dernier n'est pas avare de conseils, il publie tous les jours sur LinkedIn ! Fort de ces mois de réflexions et des retours positifs partagés par les membres du groupe Facebook, Thierry se décident enfin à sauter le pas…*

> *Thierry prend le temps de consulter le site Internet de la solution de Damien et considère les arguments rationnels ainsi que les paramètres que sont le prix, les fonctionnalités, les retours de clients satisfaits... Enfin, il clique sur le bouton de prise de rendez-vous et il est rappelé dans l'heure. Sans surprise, Thierry n'a pas été difficile à convaincre et a pris un abonnement pour un an !*

Que faut-il retenir de l'histoire de Thierry ?

- 80 % de la vente se fait en amont du rendez-vous commercial. Plus précisément, ce sont les contenus dans les *dark funnels* qui génèrent l'intérêt pour une solution. Pas Google. Ce dernier n'est qu'une « passerelle » vers l'achat. Sur ces *dark funnels*, la présence multicanale favorise le bouche-à-oreille digital ;
- 99 % du temps, les prospects se trouvent comme Thierry dans un état de veille passive et se caractérisent par leur :
  - hyper discrétion : ils ne réagissent pas forcément aux posts car ils savent que le moindre engagement risque de leur valoir des relances... Autrement dit, ils sont quasiment indétectables ;
  - hyper contrôle : les prospects maîtrisent leur parcours en temps et lieu. Ce sont eux qui décident du tempo, ce sont eux qui choisissent où passer naturellement du temps et faire leur veille ;
  - hyper autonomie : les prospects s'informent en solo avec le contenu sur Internet, les pairs et le site Web (plus besoin de parler à un commercial pour obtenir une info).

3. L'ORGANISATION DE VOS ÉQUIPES

Dans la plupart des entreprises, l'organisation en département (marketing, vente, support, technique, etc.) sépare le marketing et la vente et tend de ce fait à les mettre en opposition en termes d'attribution* (« Qui a sourcé le *lead* ? La vente ou le marketing ? »).

Une telle organisation influence directement les objectifs assignés à chaque département, la répartition des budgets, des bonus, etc. et réduit le scope du marketing qui n'est considéré que comme un support de la vente, en charge de générer des *leads* pour alimenter le travail des commerciaux. Le nombre de *leads* généré apparaît ainsi souvent comme le seul indicateur pour objectiver le travail du marketing. Par exemple : un content manager sera évalué sur le nombre de *leads* généré directement par son article, son rapport, etc., sans égard pour l'engouement suscité et la notoriété acquise. Même chose pour le paid social manager qui doit gérer des campagnes publicitaires, pour le community manager qui publie et anime les réseaux sociaux… Cette considération quasi exclusive pour le nombre de *leads* générés au mépris d'autres objectifs pousse logiquement vers du contenu fermé. Autrement dit, on se retrouve avec un marketing qui fait de la vente plutôt que du vrai marketing.

Si on opte pour une stratégie *demand gen'*, l'organisation des équipes doit résoudre ce problème. Je préconise une bipartition des équipes en deux départements sous la direction d'un CMO (ou responsable demand gen').

Un département est dédié à la génération de la demande et se compose d'un mix de talents : community manager, paid social manager, branding manager (un DA), content manager, monteur vidéo, graphic designer, event manager, etc. dont l'objectif est d'acquérir de la visibilité et de générer de l'engagement.

Organisation traditionnelle VS moderne

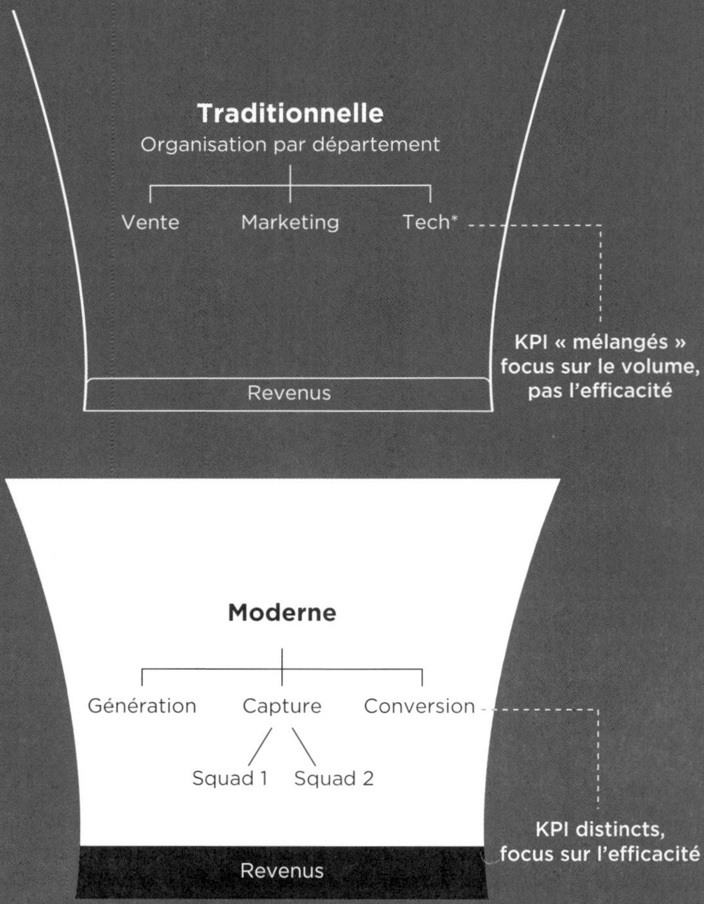

Lorsqu'on ne distingue pas les différentes sources et que l'on considère l'acquisition dans son ensemble, il est plus facile de tomber dans le piège de la course au volume.
Une analyse distincte par étape vous permet de voir que le volume sans contrôle de la qualité n'est pas une méthode efficace.

*Sales and Marketing Operations – Support technique de la vente et du marketing

Le second département est dédié à la capture de la demande, là encore avec un mix de talents : account executive (commercial), paid search manager, copywriter, web dev, graphic designer, content manager, video manager, etc. qui poursuivent quant à eux un objectif d'opportunités et de ventes à générer. Au sein des départements, les équipes peuvent se scinder en *squads** avec des compétences complémentaires : par exemple dans le département génération de la demande, on peut avoir la *squad* podcast, la *squad* événement, la *squad* YouTube, etc.

ZOOM

LA DREAM TEAM *DEMAND GEN*

Dans une entreprise idéale, l'équipe *demand gen'* se divise en deux branches correspondant aux deux strates de la stratégie. Les deux équipes opèrent sous la direction du responsable *demand gen'*.

Le responsable *demand gen'* : c'est l'architecte de l'ensemble de la stratégie. Il est capable d'analyser la maturité de la cible, d'évaluer les CRM et la vélocité commerciale par sources et il chapeaute l'activité des deux équipes.

ÉQUIPE GÉNÉRATION DE LA DEMANDE

L'expert métier : il partage son expertise pour apporter du *background* à la production de contenu. Ce poste doit être confié à une personne qui connaît le métier de la cible de l'intérieur, qui maîtrise son verbatim, ses codes et qui connaît ses défis. Par exemple, si votre entreprise vend une solution destinée aux RH, ce poste sera attribué à un ancien RH ou à un ancien journaliste spécialisé dans le secteur.

Le responsable content ou plume : il rédige l'ensemble des publications (posts sur les réseaux sociaux, newsletters, scripts vidéo). Il s'agit idéalement d'un professionnel de l'écriture capable non seulement de vulgariser les idées qui surgissent de l'expert métier, mais aussi de les rendre sexy en leur apportant une dimension narrative. En fond, il participe à l'élaboration de la charte éditoriale qui détermine le ton et le style de l'entreprise.

Le graphiste : il met en forme les vidéos, les infographies, la bannière, etc. En fond, il participe à l'élaboration de la charte graphique.

Le monteur vidéo : un *must have* au regard de l'importance de ce format aujourd'hui !

Le responsable social paid ads : il met en place les campagnes publicitaires et garantit la distribution du contenu sur les réseaux. Il a un objectif de communication et non pas de génération de *leads*. Il doit faire passer des messages clés au marché (l'arc narratif, les contre-objections, etc.).

Le community manager : il connaît comme sa poche les codes des réseaux sociaux, l'algo, etc. et anime le compte entreprise tout en guidant les employés qui publient à le faire au mieux pour obtenir du *reach**.

ÉQUIPE CAPTURE DE LA DEMANDE

L'expert produit : son expertise métier ne porte pas forcément sur le métier de votre cible, mais sur le produit que vous vendez. Si vous vendez un logiciel, c'est la personne qui maîtrise les aspects techniques et toutes les fonctionnalités de la solution. Un ingénieur donc, qui a participé à sa conception.

Le responsable content : c'est lui qui conçoit les textes du site Web de l'entreprise et des diverses *landing pages*. Il maîtrise parfaitement le verbatim du métier de la cible.

Le graphiste : il met en forme l'ensemble des pages Internet et participe à l'élaboration de la charte graphique.

Le responsable paids ads : c'est un spécialiste du SEA* (search paid). Contrairement au responsable social paid, il ne poursuit pas un objectif de communication, mais bien un objectif de conversion avec des campagnes publicitaires ciblées par mots-clés sur les moteurs de recherche et partiellement sur les réseaux sociaux.

Il s'agit là bien évidemment d'une organisation idéale qui présuppose que l'entreprise a les moyens de recruter. Si ce n'est pas votre cas, rassurez-vous, une seule personne peut pourvoir plusieurs postes en même temps : par exemple, le graphiste de l'équipe *demand generation* peut également concevoir les visuels de la partie capture de la *demand gen'*. Le responsable *demand gen'* peut bien souvent revêtir une autre casquette : celle d'expert métier ou celle d'expert produit. Un solopreneur habile avec les mots et sur Canva pourra occuper tous les postes à la fois!

À l'inverse, dans une grosse entreprise qui dispose d'un budget conséquent, chacun de ces postes pourra être occupé par une équipe. Par exemple, dans l'équipe social paid on recrutera un responsable social paid par réseau social.

Ce qui est fondamental, quelle que soit la taille de la structure, c'est de bien opérer une distinction nette entre la couche « génération de la demande » et la couche « capture » dans la conception des projets aussi bien que dans leur évaluation.

4. ÉVALUER VOTRE STRATÉGIE *DEMAND GEN'* : AMÉLIORER L'ATTRIBUTION GRÂCE AUX DONNÉES QUALITATIVES

La bipartition de votre stratégie se répercute également dans son évaluation : les méthodes de *reporting* ne sont évidemment pas les mêmes suivant que l'on cherche à évaluer un vecteur de notoriété ou un vecteur de conversion.

L'attribution basée sur les logiciels penche fortement en faveur des stratégies de capture de la demande en raison d'un biais de mesure : les logiciels arrivent à mesurer « la capture », car la prise de contact se passe sur le site Web, la boîte mail ou un salon, mais ils ne peuvent pas détecter le moment précis où le prospect a pris connaissance du produit et échouent donc à évaluer les dispositifs de génération de la demande. La solution à ce mirage consiste à associer plusieurs méthodes d'attribution afin de mesurer séparément l'impact des programmes de génération de la demande et l'impact des programmes de capture de la demande. Ainsi, il convient d'associer à votre logiciel d'attribution des informations qualitatives : c'est ce qu'on appelle l'attribution hybride.

Sur la partie capture, les logiciels tels que HubSpot, Google Analytics, Hotjar, Marketo, etc. se chargent efficacement d'évaluer le potentiel de conversion de vos différentes sources. Mais comment procéder pour la partie génération de la demande dans la mesure où elle s'effectue sur les *dark funnels*, qui sont donc opaques par définition ?

Rassurez-vous, il n'est pas question de renoncer pour autant à toute tentative de *reporting* sur cette partie génération de la demande : puisque son automatisation par logiciel n'est pas envisageable, vous pouvez faire appel à l'attribution autodéclarée. Concrètement, il s'agit tout bonnement d'intégrer dans votre formulaire de prise de rendez-vous la question suivante : « Comment avez-vous entendu parler de nous ? » (ou une variante de cette question). Au moment du rendez-vous, cette question peut être renouvelée par le commercial pour acquérir toujours plus de précision et bien comprendre quel a été exactement l'élément déclencheur de la demande.

C'est cette attribution hybride et elle seule qui vous fournira une mesure fiable des différentes étapes et qui vous permettra de guider vos décisions stratégiques en procédant à des ajustements : par exemple, on décidera de poster davantage sur LinkedIn ou d'accélérer la cadence de nos podcasts suivant les résultats obtenus par l'attribution autodéclarée.

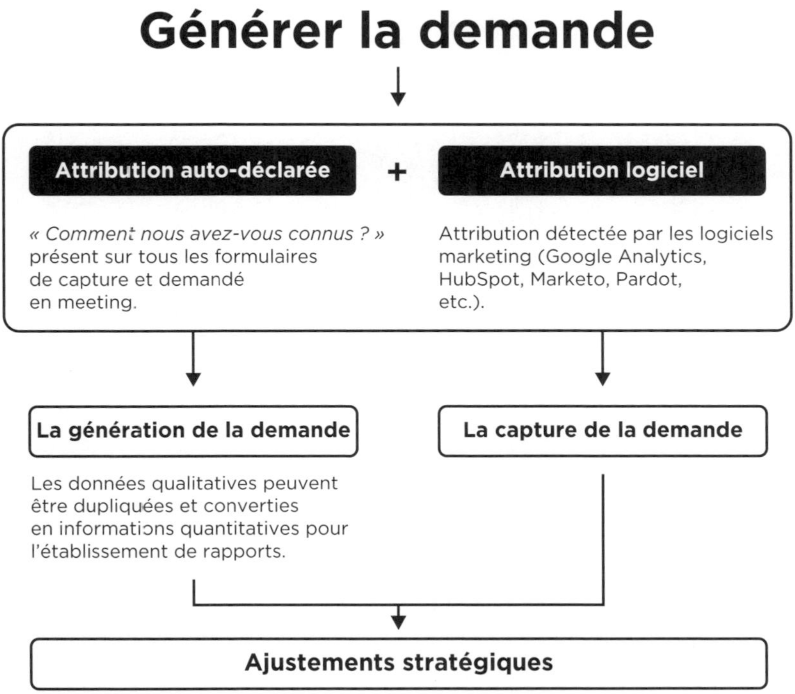

Demand gen' VS inbound : KPI

Approche inbound (lead gen')

On mesure les indicateurs suivants :
- CTR (taux de clics) ;
- CPL (coût par complétion de formulaire) ;
- nombre de leads (formulaire de prise de rendez-vous ou essai) ;
- nombre de rendez-vous.

Approche quantitative qui se concentre sur la collecte MQL et consacre 90 % du budget à la capture de la demande.

↓

Approche demand generation

On mesure les indicateurs suivants :
- la portée ;
- le taux d'engagement ;
- les recherches « brandées » ;
- les intentions déclarées ;
- la vélocité commerciale.

Approche qualitative qui se concentre sur la génération de la demande et y consacre 90 % du budget.

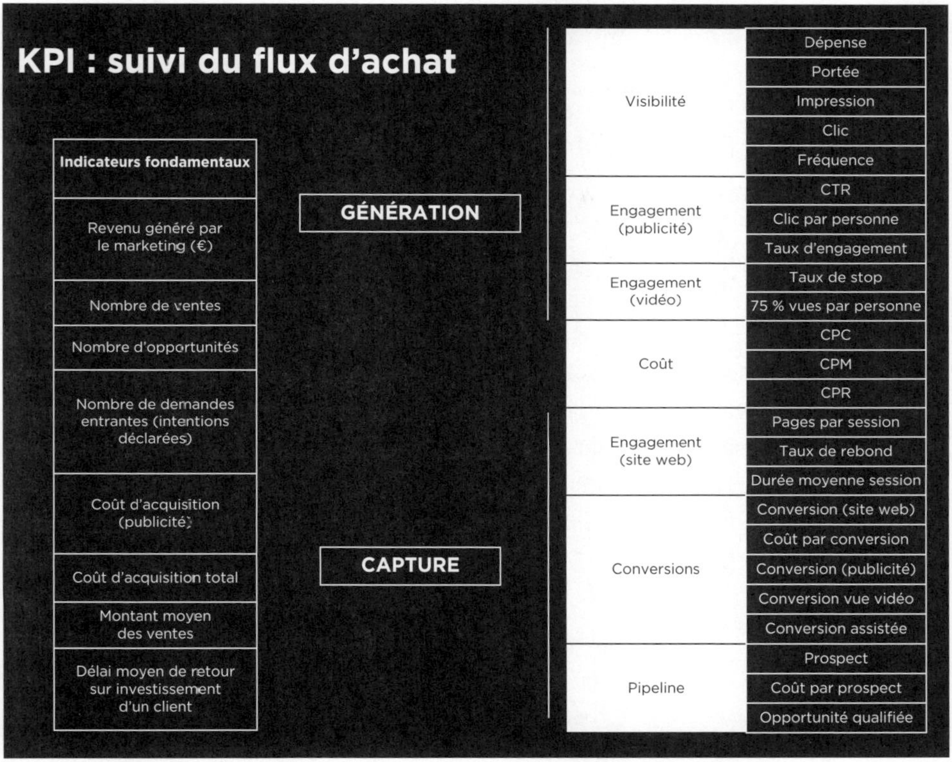

5. INTÉGRER LA *DEMAND GEN'* DANS SON MIX MARKETING

En tant que puriste, je plaide forcément pour la mise en place d'une stratégie 100 % *demand gen'*, la seule qui soit vraiment efficace à mes yeux ! Mais je suis bien conscient qu'une telle révolution ne se fera pas du jour au lendemain.

Par ailleurs, la mise en place de la couche « génération de la demande » est un processus qui peut prendre du temps

– quelques mois – avant de porter ses fruits. Il faut bien acquérir des clients en attendant et donc, oui, dans certaines situations, une approche mixte est souhaitable et même vivement conseillée ! Alors comment concilier l'approche *demand gen'* avec les autres méthodes d'acquisition plus traditionnelles au sein d'une entreprise ?

Rassurez-vous, vous n'avez pas besoin de changer vos processus opérationnels et de former votre équipe de vente. La méthode *demand gen'* peut être mise en œuvre par-dessus les données et les processus de vente existants. Seulement, vous devrez changer vos principaux tableaux de bord de *reporting*, vos indicateurs clés de performance (KPI) et – le plus important – votre état d'esprit ! Après avoir implémenté ce cadre dans votre CRM, vous devrez mettre à jour tous les rapports marketings utilisés au sein de votre entreprise.

Non seulement une stratégie mixte est possible, mais, mieux encore, la méthode *demand gen'* augmentera l'efficacité des stratégies exécutées en parallèle comme l'*outbound*, l'ABM, les partenariats, les événements, etc. Pourquoi donc ? Parce qu'elle se concentre sur la génération de la demande dans le Dark social et facilite le parcours d'achat mené de façon indépendante par l'acheteur dans l'ensemble du marché adressable. Il en résulte une demande nouvellement créée qui peut ensuite être capturée à travers les différentes sources de capture selon la façon dont l'acheteur s'engage. Les organisations sophistiquées conçoivent des expériences d'achats distinctes pour chacune des sources de capture (*outbound*, *lead gen'*, événement, etc.) afin de correspondre au niveau d'intention de l'acheteur associé à celle-ci et d'adapter le pitch en conséquence. Par exemple, avec la *lead gen'* ou l'*outbound* l'intention est faible voire nulle, le discours se voudra donc plus ouvert, orienté grand public ou réseau plutôt que fermé, précis et commercial.

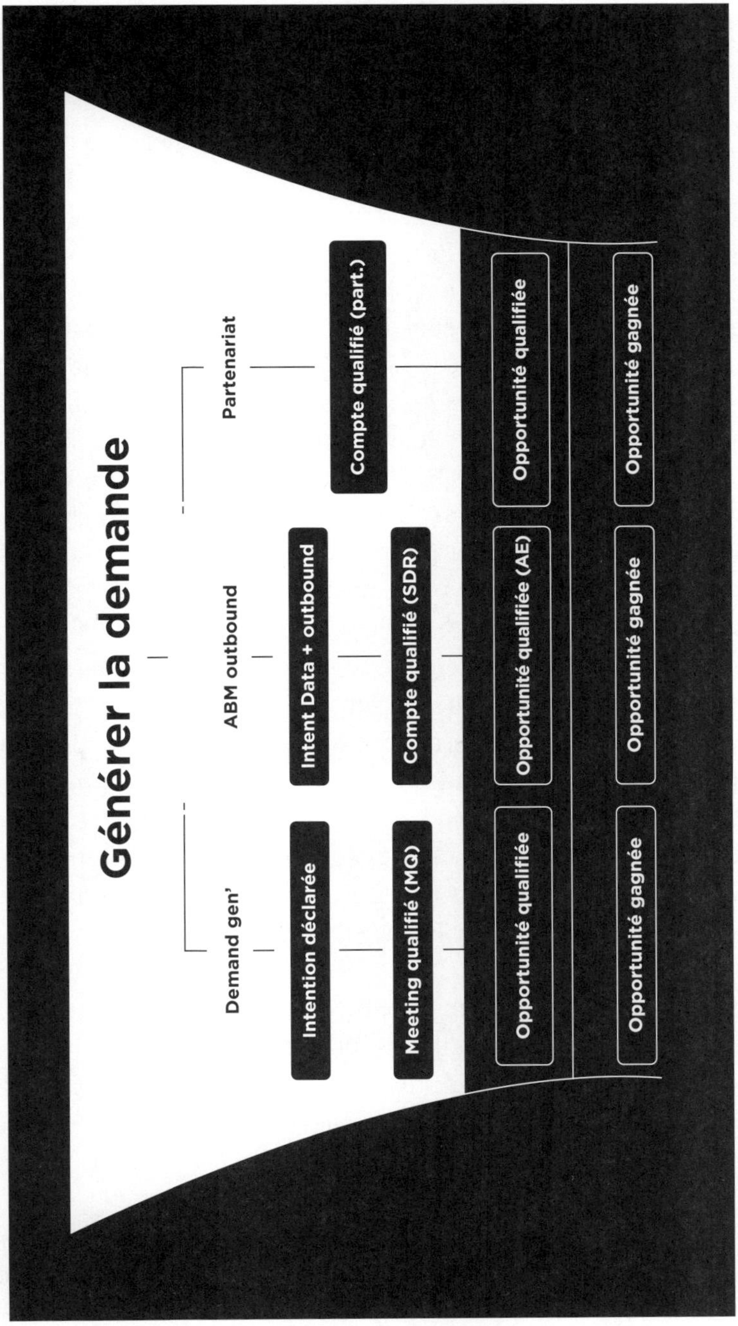
Générer la demande
Demand gen'
ABM outbound
Partenariat
Intention déclarée
Meeting qualifié (MQ)
Intent Data + outbound
Compte qualifié (SDR)
Compte qualifié (part.)
Opportunité qualifiée
Opportunité qualifiée (AE)
Opportunité qualifiée
Opportunité gagnée
Opportunité gagnée
Opportunité gagnée

RÉCAP'

Le premier facteur qui joue sur l'efficacité commerciale est votre *Go-To-Market* : c'est-à-dire votre façon d'attaquer le marché. C'est le facteur le plus influent tant sur la quantité que sur la qualité des prospects que vous allez générer.

L'essoufflement des méthodes actuelles, à commencer par la *lead generation*, s'explique par le fait qu'elles font partie de la famille des GTM qui influencent le revenu, favorisant la quantité des prospects au détriment de leur qualité.

Prenons une analogie qui peut-être vous parlera : le football. La tactique traditionnelle pour se donner toutes les chances de marquer est de tout faire pour avoir le ballon et « construire son jeu ». Mais on a vu récemment des équipes comme le Real Madrid prendre le contre-pied de cette logique. Leur stratégie : laisser l'adversaire s'épuiser à mener son jeu et l'amener à prendre de plus en plus risque pour, quand le moment opportun se présente, l'assommer avec une contre-attaque éclair. Ici, le *timing* est la clé – avoir la possession du ballon (du contact) ne garantit pas de marquer (vendre) avant son compétiteur. Aussi contre-intuitif que cela puisse paraître, avoir moins le ballon peut parfois amener à avoir de meilleures chances de gagner le match.

De la même manière, un marketing qui source le revenu tel que la *demand gen'* peut concilier une génération d'opportunités plus faible avec de meilleurs résultats. La *demand gen'* peut ainsi conduire à une accélération forte de votre business avec une vitesse de vente cinq à trente fois supérieure à celle de la *lead gen'* traditionnelle !

Pour ce faire, elle repose sur la mise en place de deux « strates », l'une dédiée à la génération de la demande à proprement parler, l'autre dédiée à la capture et à la conversion de la demande.

Ces deux strates ne poursuivent donc pas les mêmes objectifs et ne peuvent être évaluées de la même manière. Pour évaluer l'efficacité globale de votre stratégie, je préconise de mettre en place une attribution hybride qui consiste à utiliser des outils automatisés de mesures de «capture», mais aussi à intégrer des éléments qualitatifs à votre formulaire de prise de contact afin de comprendre exactement quel élément déclencheur a amené votre prospect à formuler sa demande.

La mise en place d'une stratégie *demand gen'* donne également lieu à quelques ajustements en termes d'organisation de vos équipes. Rassurez-vous, rien de bien complexe. Une stratégie mixte est parfaitement possible !

Chapitre 3

LE POSITIONNEMENT

Le positionnement désigne la catégorie mentale dans laquelle on veut inclure son produit ou son service, et sa position psychologique par rapport aux offres concurrentes. Positionner, c'est donc identifier le cadre et l'angle d'exposition les plus pertinents, ceux qui mettront le mieux en valeur votre solution aux yeux de vos prospects !

Il existe une idée reçue suivant laquelle le positionnement devrait être gravé dans le marbre, telle une boussole qui nous montrerait la seule bonne direction et qu'il ne faudrait jamais perdre de vue sous peine d'aller droit dans le mur. Ceci est faux. Certes, une réflexion sur le positionnement doit être menée en amont du lancement de votre activité. Pour se lancer, il faut bien choisir un angle d'attaque ! Mais bien souvent, ce positionnement initial, motivé par une intuition, des discussions avec votre réseau ou des observations issues de vos expériences individuelles, se heurte à la réalité du marché : les prospects ne sont pas ceux que vous aviez imaginés, votre produit ne plaît pas pour telle raison mais pour un détail que vous pensiez insignifiant, ou bien il ne semble pas plaire du tout en dépit de ses qualités évidentes. Cela ne signifie pas que vous vous dirigez vers un échec, simplement que vous devez procéder à quelques ajustements : un petit pas de côté pour vous orienter vers la seule direction qui vaille : celle que vous indique le marché. En marketing, l'opportunisme est la clé !

Loin de constituer un cadre figé, le positionnement doit être envisagé comme un cadre dynamique et vivant parce qu'en interaction constante avec son environnement qu'est le marché.

Pour procéder aux ajustements nécessaires, il est fondamental d'être à l'écoute des tendances et de votre cible. Identifiez-vous de nouvelles tendances dans votre secteur ? Un nouveau segment de clients idéaux ? Votre produit présente-t-il une valeur ajoutée à laquelle vous n'aviez pas pensé ? Voilà des questions que vous devez vous poser régulièrement.

Je vous suggère vivement de mener ce travail avec application avant de concevoir votre stratégie *demand gen'*. En effet, ce positionnement nourrira l'ensemble de vos contenus, aussi bien dans la partie « génération de la demande » que dans la partie « capture de la demande » ! En pratique, il s'agit d'un exercice subtil qui repose à la fois sur une fine connaissance de vos clients cibles, mais aussi sur votre capacité à trouver votre place dans des secteurs parfois saturés en évitant l'attaque frontale avec vos concurrents... Dans ce chapitre, je vous livre ma méthode pas à pas !

1. COMPRENDRE SON MARCHÉ

+ DISCUTER AVEC LES PROSPECTS

Il est fondamental que vous entreteniez de vraies relations avec vos prospects et clients, et pour ce faire, rien de mieux que de se frotter soi-même au métier du commercial, ou *a minima*, d'assister aux rendez-vous ou d'écouter les conversations téléphoniques des commerciaux pour entendre les objections qui viennent de la bouche même des prospects. Vous pouvez aussi appeler ceux qui n'ont pas décidé de devenir clients (les opportunités perdues) afin de comprendre les raisons qui se cachent derrière cette défaite. Avec qui vous comparent-ils ? Quelles sont leurs objections, leurs croyances ? Qu'ont-ils compris et retenu du « pitch actuel » ?

+ DISCUTER AVEC LES MEILLEURS CLIENTS

Il convient de bien cerner votre client idéal, c'est-à-dire celui qui connaît très bien votre produit et en est satisfait. Ce client est facilement identifiable parce qu'il achète vite, c'est un *power user* (dans le cas où vous vendez un produit type logiciel : il utilise régulièrement votre solution et en maîtrise toutes les fonctionnalités avancées). Si vous vendez ce genre de produits, demandez à l'équipe produit ou ceux en charge du support client qui sont les *power user* du logiciel/de l'app. Si vous vendez un service, demandez à vos commerciaux ou ceux en charge du support client (*customer success*) qui sont les meilleurs clients.

Idéalement, passez une journée avec ces clients : (*job shadowing*) dans leurs locaux ou bien proposez-leur un déjeuner au restaurant, une visioconférence, *a minima* un appel, et posez-leur les questions suivantes : comment vous faisiez avant notre service/produit ? Quels sont les avantages de notre solution par rapport à cette solution précédente ? Qu'est-ce qui vous a donné le déclic pour changer ça ? Pourquoi avoir opté pour nous et pas pour nos concurrents ? L'objectif de ces échanges, c'est de réussir à se mettre dans leur peau, comprendre l'environnement dans lequel ils évoluent, leur routine, les objectifs qu'ils poursuivent à court, moyen et long terme, leurs croyances, etc.

> *Quand j'ai lancé mon premier bootcamp, je pensais avoir parfaitement identifié mon public cible : les responsables marketing de start-up. Pourtant, à ma grande surprise, les élèves qui se sont inscrits étaient en grande majorité des freelances consultants en marketing B2B, des gens qui font exactement le même métier que moi, en somme ! J'étais par ailleurs convaincu que la principale valeur ajoutée de mon bootcamp résidait dans les enseignements théoriques que je dispense, à savoir les notions liées à la stratégie demand gen'. Il s'agissait là encore d'une erreur. En discutant avec mes élèves, j'ai constaté que la*

valeur perçue résidait plutôt dans les outils (template, roadmap, checklist, etc.) que je mets à leur disposition ainsi que dans les échanges quotidiens qui émanent du groupe : plus qu'une formation, le bootcamp est un réseau vivant de pairs qui partagent leurs questionnements, doutes, leurs conseils et s'enrichissent mutuellement !

+ SI VOUS NE POSSÉDEZ PAS ENCORE DE CLIENTS

Si vous ne possédez pas encore de clients, vous pouvez porter votre analyse sur l'engagement que vous générez avec vos contenus afin d'identifier les endroits où le potentiel semble se trouver : le plus important, c'est de baser vos choix sur des interactions réelles qui viendront confirmer ou infléchir vos hypothèses de base. Quel contenu a le plus résonné ? Quel événement a eu le plus d'écho ? Quel segment de prospect semble répondre à vos publications organiques ou souhaite en savoir plus sur vos services ? Si besoin, vous pouvez accélérer cet apprentissage avec des contenus sponsorisés, plus efficaces en termes de portée*, qui vous permettront de réaliser ainsi vos A/B test de propositions de valeur*, d'audiences, etc. sur un échantillon plus important.

J'accompagne en ce moment de façon bénévole la start-up Glasster qui développe une solution pour aider les enfants dyslexiques à faire leurs devoirs. Je les ai aidés dans un premier temps à mettre en place une campagne d'A/B test sur Méta (Facebook, Instagram et WhatsApp) pour déterminer quels types de visuels étaient les plus impactants pour leur cible (visuels présentant un enfant en difficulté ou au contraire un enfant épanoui, ou encore visuel sans enfant). Ils ont également complété leur réflexion en prenant contact avec des parents via un groupe Facebook autour de ce sujet et ont ainsi pu peaufiner leur proposition de valeur.

2. FONCTIONNALITÉ, BÉNÉFICES, VALEUR

+ LISTER LES PRINCIPALES ALTERNATIVES DE VOS CLIENTS

Par définition, votre solution n'apporte une valeur « ajoutée » qu'en comparaison avec une alternative existante. C'est cette alternative qu'il vous faut à présent cerner. Une fois qu'ont été identifiés les clients idéaux et qu'un profil type a été dressé, vous devez vous poser la question suivante : comment ce client procéderait-il si vous n'existiez pas ?

Ici on aurait tort de se limiter à lister les concurrents qui proposent des solutions à peu près similaires. Les alternatives ne sont pas toujours là où on les imagine : elles peuvent être une personne physique, un stagiaire en charge d'effectuer « manuellement » telle ou telle tâche – celle que votre solution permet justement d'automatiser, un outil gratuit qui n'est pas aussi sophistiqué que le vôtre mais qui « fait à peu près le job », ou même un simple tableau Excel, et pourquoi pas un bon vieux carnet et un stylo bic (si vous commercialisez un logiciel de prise de commande pour les restaurants, la solution concurrente sera un serveur muni d'un carnet et d'un stylo !).

Par exemple, l'entreprise Curecall commercialise un logiciel de suivi des patients qui permet de fluidifier les échanges à distance entre le docteur et le patient.

Quelles sont les alternatives à cette solution pour les clients cibles de Curecall ?

> *D'abord, il y a les secrétaires ou les médecins qui peuvent eux-mêmes exécuter manuellement ce travail de suivi en appelant les patients à partir d'une liste sur Excel ou d'un logiciel métier.*
>
> *Ensuite, il y a les concurrents directs : Rayonnance, Cliniciel, Medexa, etc. qui fournissent à peu près le même type de solution.*

+ LISTER VOS FONCTIONNALITÉS

En répertoriant les alternatives de votre solution, vous commencez à cerner en creux votre propre valeur… Et surtout, vous posez les jalons de votre message : plutôt que de renvoyer votre prospect à un concurrent qu'il ne connaît pas forcément (« Nous faisons mieux que machin. »), vous lui parlerez de la réalité du terrain, de son quotidien et il va sans dire que votre message résonnera d'autant plus à ses oreilles !

Listez donc vos fonctionnalités en répondant à la question suivante : qu'est-ce qui vous rend meilleur que ces alternatives ? À cette étape, l'idée est de lister les fonctionnalités qui sont factuellement indiscutables. Par exemple, votre produit repose sur une technologie brevetée, vous bénéficiez d'une expertise de dix ans dans le secteur de l'immobilier, votre solution ne nécessite pas d'installation, elle est compatible à tel ou tel logiciel… Des faits, rien que des faits ! Et toujours contextualisés : c'est-à-dire pertinents *uniquement* à l'aune des solutions alternatives identifiée précédemment. Par exemple, le fait que votre solution est « facile à utiliser » ne peut être considéré que comme une vraie fonctionnalité que si les alternatives identifiées précédemment ne le sont pas ! Vous devez également disposer de solides arguments pour justifier une telle assertion (par exemple : une accréditation ou une étude menée par un cabinet tiers).

Reprenons le cas de Curecall, notre SaaS de suivi patient.

Parmi les diverses fonctionnalités de la solution, on retiendra les suivantes :

1. *logiciel connecté au logiciel métier de l'établissement de santé ;*
2. *tableau de bord de suivi ;*
3. *solution d'envoi automatisé de SMS ;*
4. *service de création de vidéos et de contenus.*

+ MAPPER LA FONCTIONNALITÉ À LA VALEUR

Une fois ces fonctionnalités indiscutables identifiées et listées, on tente de les mapper par rapport à la valeur qu'elles apportent. La valeur, c'est le bénéfice* mis en contexte.

Cette valeur est votre pépite : c'est elle qui garantira l'efficacité de votre positionnement, c'est elle qu'il vous faudra traduire dans votre message (proposition de valeur).

Notez que pour un seul produit et un seul bénéfice, on peut identifier plusieurs valeurs différentes qui correspondent à des usages et des besoins différents. En groupant ces valeurs, vous identifiez les principaux cas d'usage de votre solution. Notez également que chaque fonctionnalité ou chaque combinaison de bénéfice peut receler une ou plusieurs valeurs ajoutées.

Ainsi, dans le cas de Curecall, les trois premières fonctionnalités identifiées précédemment recèlent les valeurs suivantes.

1. *Logiciel connecté au logiciel métier*
Valeur pour l'utilisateur : l'intégration permet à la secrétaire de ne plus exécuter manuellement le travail de rapprochement entre les nouveaux patients et la base existante.

Valeurs pour le management : l'intégration permet d'éviter les erreurs administratives et d'améliorer l'efficacité du processus de suivi des patients.

2. *Tableau de bord*
Valeur pour l'utilisateur : la secrétaire n'a plus besoin de noter manuellement l'avancement du suivi, ce qui permet de réduire considérablement les erreurs de saisie et les oublis.

Valeurs pour le management : la digitalisation garantit la traçabilité du suivi et permet à l'établissement de répondre aux exigences HSE.

3. *Solution d'envoi automatisé de SMS*
Valeur pour l'utilisateur : la secrétaire peut automatiser le suivi et gagner des heures sur son travail (appel du lendemain).

Valeur pour le management : l'automatisation permet de réduire la pénibilité du métier (tâches répétitives) et de mieux gérer l'augmentation des patients ambulatoires.

Parfois, c'est à ce moment que la révélation survient : la valeur que vous apportez n'est pas forcément celle que vous aviez en tête avant de vous lancer sur le marché ! Vous allez devoir changer de cap... En marketing, on appelle ça « pivoter* » !

Dans le cas de Curecall, c'est en réalisant cet exercice que les fondateurs se sont rendu compte que la solution de vidéo personnalisée était perçue comme une valeur importante aux yeux de ces derniers. C'est cette prise de conscience qui a mené l'entreprise à développer plus fortement cette expertise et à la mettre plus en avant sur les supports marketings.

ZOOM

QUELQUES PIVOTAGES LÉGENDAIRES!

C'est une anecdote étrangement peu connue : avant d'être la première plateforme de partage de vidéo, YouTube était… Un site de rencontre permettant aux célibataires de se présenter en vidéos ! Sa vocation initiale aura été de courte durée : à peine cinq jours après son lancement en 2005, les fondateurs Steve Chêne, Chad Hurley et Jawed Karim décident d'élargir leur cible à la mesure de la valeur de leur technologie révolutionnaire : YouTube devient une plateforme de vidéo streaming, pour toutes les vidéos… La suite, vous la connaissez : un an plus tard, Google rachète YouTube pour 1,6 milliard de dollars. Aujourd'hui, YouTube compte plus de 2,2 milliards d'utilisateurs !

Pour Slack, le pivotage a été plus lent : à mille lieues du monde de l'entreprise, Slack était à l'origine un jeu vidéo nommé Glitch. Lancé en 2009 par Stewart Butterfield, celui-ci a raté le virage du jeu mobile et n'a jamais rencontré son audience. Mais un an après avoir déposé le bilan, le phénix renaît de ses cendres en 2013. Il ne s'agit plus d'un jeu, mais d'une plateforme de messagerie collaborative associée à un logiciel de gestion de projet. Cette fois, Stewart Butterfield a cerné la fonctionnalité pépite de sa technologie : une messagerie intuitive, instantanée, rigolote, une aubaine pour les introvertis ! Adieu mails, réunions à rallonges et échanges téléphoniques, Slack remplace tous les canaux de communication et s'impose en quelques années dans les entreprises du monde entier. En 2020, Slack est racheté par Salesforce pour 27,7 milliards de dollars !

Quant à Instagram, son ancêtre Burbn, fondé par Kevin Systrom et Mike Krieger en 2010, était une application de géolocalisation qui permettait aux utilisateurs de mener des recherches sur des lieux de sortie, de préparer des virées entre amis et de poster les photos de ces rendez-vous. Les deux hommes ont cependant vite remarqué qu'une des fonctionnalités de Burbn était bien plus populaire que les autres : la photographie ! Ils ont alors pris une décision radicale : supprimer de Burbn toutes ses fonctionnalités autres que la photo et les commentaires. Leur ambition : développer un réseau combinant la qualité des filtres photos de Hipstamatic et la facilité de partage de Facebook. Instagram est né. Ce sont indéniablement sa simplicité et son minimalisme qui ont séduit le public. En 2012, Facebook acquiert Instagram pour 1 milliard de dollars. Aujourd'hui, l'élève dépasse le maître avec ses 2 milliards d'utilisateurs !

Dans ces trois cas, les fondateurs se sont rendu compte, à un stade plus ou moins avancé de leur développement, que la valeur perçue par les utilisateurs n'avait tout simplement rien à voir avec la proposition de valeur qu'ils avaient mis en avant au départ. Ainsi, c'est l'ensemble de l'usage du produit qui a été repensé. Bien sûr, il s'agit là de cas d'école un peu caricaturaux. La plupart du temps les « pivotages » sont bien plus subtiles. Le moins que l'on puisse dire, c'est que pour ces trois entreprises, être à l'écoute du marché s'est révélé plutôt juteux…

3. SE TAILLER UNE PLACE SUR LE MARCHÉ

+ PRÉCISER LE SEGMENT CIBLE

Enfin, après avoir répertorié les valeurs, vous devez préciser pour chacune d'elles à quelle cible elle s'adresse en répondant à la question suivante : auprès de quelle cible ces valeurs ajoutées sont-elles importantes et récurrentes ?

Il s'agit d'un exercice de bon sens et de finesse qui va bien au-delà des filtres firmographiques habituels. Votre segment peut comprendre des entreprises de tailles différentes, relevant d'industries différentes. Ce qui importe, c'est de déceler le dénominateur commun qui explique ce fort besoin (par exemple, le fait qu'elles utilisent toutes tel logiciel de comptabilité, qu'elles sont toutes dépourvues d'équipe marketing, ou qu'elles ont toutes un business avec de fortes saisonnalités, etc.).

> *Dans le cas de Curecall, la solution s'adressait avant l'exercice de positionnement à l'ensemble des établissements de santé avec une certaine priorité pour les établissements d'ophtalmologie. Après l'exercice de positionnement, l'entreprise a redéfini ses priorités avec un focus sur les hôpitaux et cliniques qui connaissent une forte augmentation de l'activité ambulatoire. Le dénominateur commun des clients cibles de Curecall est donc la forte croissance de l'activité ambulatoire (et non pas la taille, la région ou autres).*

+ CHOISIR LA CATÉGORIE IDÉALE

À ce stade, vous avez donc une idée claire de vos valeurs ajoutées et de vos cibles idéales. C'est là que les choses se corsent : vous avez des atouts sérieux, vous avez identifié des valeurs indéniables. L'inconvénient, c'est que vous n'êtes pas seul. Il va falloir trouver votre place sur le marché.

Le positionnement, c'est précisément l'art de « se tailler une place » sur le marché. L'enjeu est de déterminer l'angle et le cadre qui mettront le mieux en valeur les forces de votre produit aux yeux de vos audiences cibles. Il vous faut donc déterminer la catégorie et le contexte qui valorisera au mieux votre solution *par rapport* aux autres, c'est-à-dire votre référentiel de comparaison.

Ainsi, choisir le positionnement est un exercice moins aisé qu'il n'y paraît : chaque catégorie amène son lot de prérequis et d'exigences. Par exemple, si vous vous positionnez dans la catégorie CRM, votre client supposera qu'il a affaire à un SaaS destiné aux équipes de vente, avec la possibilité de remplir des fiches de contact, de générer des pipelines*, des intégrations, etc. Si votre produit ne dispose pas de toutes ces fonctionnalités, il sera mal perçu. Autrement dit, choisir une catégorie, c'est choisir la grille d'évaluation à travers laquelle vous serez jugé, mais aussi choisir vos ennemis : les concurrents auxquels vous serez immanquablement comparés. Est-il forcément pertinent de vous positionner en CRM et de vous placer en concurrence avec les géants que sont Salesforces et HubSpot si vous êtes une start-up qui démarre ? Il convient donc de réfléchir attentivement à la catégorie qui reflète au mieux votre spécificité et votre valeur ajoutée.

C'est souvent le retour terrain qui vous aidera à cerner la vraie nature de votre business. Par exemple, une entreprise qui vend un CRM va se rendre compte que c'est la fonctionnalité « calendrier » qui fait l'unanimité. Elle aura alors tout intérêt à se repositionner en tant que « calendrier en ligne » plutôt que comme CRM !

Notez qu'il existe plusieurs positions de catégorie :
- le leader d'un marché (« Nous sommes un module de paiement. ») ;
- le leader d'un sous-marché (« Nous sommes un module de paiement pour les e-commerçants. ») ;
- le leader d'un nouveau marché (« Nous sommes un module de paiement Web 3.0. ») ;
- le leader d'une niche (« Nous sommes un module de paiement pour les e-commerçants qui utilisent Shopify. »).

Il est souvent plus judicieux de réduire votre scope en vous positionnant sur une niche. Mieux vaut occuper toute la place d'un espace restreint que d'étouffer au sein d'un espace vaste mais saturé. La valeur que vous « rayonnez » sera d'autant plus forte qu'elle se concentre sur un scope restreint, c'est ce que j'appelle la « stratégie du laser ».

> *Dans un premier temps, Curecall a positionné sa solution comme « la solution de management de patients des établissements de santé ». L'entreprise a finalement décidé de réduire son scope. Elle présente désormais sa solution comme « la solution de suivi patient par SMS dédiée aux cliniques et hôpitaux ». Une catégorie moins large, une cible moins large pour pénétrer le marché plus efficacement !*
>
> *Bien évidemment, il ne s'agit que d'une première étape ! La solution Curecall se révèle parfaitement utilisable pour d'autres secteurs et l'entreprise n'exclut pas d'élargir son scope à moyen terme.*

+ S'APPUYER SUR UNE TENDANCE DE FOND

Enfin, pour parfaire votre positionnement, il est vivement conseillé de tirer votre proposition de valeur dans le sens d'une tendance de fond que vous avez identifié sur le marché. C'est ce qui rendra votre produit « sexy » ! Économie circulaire et collaborative, mobilité, développement durable, transparence, responsabilité sociale, Web 3.0, etc. sont autant de concepts qui ont indéniablement le vent en poupe. Rassurez-vous, nous reviendrons plus amplement sur ce point dans le dernier chapitre où je vous livrerai les techniques infaillibles pour construire le discours le plus puissant.

> *Pour Curecall, il s'agit de s'appuyer sur les tendances fortes qui existent autour du digital, de l'IA et de la télémédecine.*

RÉCAP'

Dans la définition de votre positionnement aussi bien que dans sa formulation à travers votre site Web et sur tous les autres supports, la connaissance de votre cible apparaît donc comme le prérequis indispensable. Aussi je vous invite vivement à entretenir des relations avec vos clients, à discuter avec eux autant que possible et à recueillir leurs avis religieusement : *feedback is gold* !

J'irais même un cran plus loin : vous ne devez pas seulement connaître les besoins de votre client, mais aussi adopter son langage, son point de vue, comprendre ses angoisses, ses défis, ses habitudes et son quotidien dans toutes ses subtilités. Plus que « Connaissez votre client ! », je dirais donc « Soyez votre client ! » Eh oui, le marketing, c'est aussi un exercice d'empathie !

Je préconise une réévaluation de votre positionnement tous les six mois, quelle que soit la taille de votre entreprise. De la même manière que vous vous rendez chez le dentiste pour vérifier votre santé bucco-dentaire, il me paraît normal de « checker » votre positionnement deux fois l'an. Il en va de la santé de votre business !

Cette réévaluation est bien plus qu'une petite réflexion à mener dans un coin de votre tête. Elle doit être institutionnalisée, gravées en lettre d'or dans l'agenda de l'entreprise comme un rendez-vous incontournable qui mobilise l'ensemble des équipes (ou du moins un représentant de chaque département), du management au marketing en passant bien entendu par la vente et le support clients, des éléments très précieux puisqu'ils sont en contact direct avec la cible.

Notez que si la clarification régulière de votre positionnement est une condition de succès de votre stratégie *demand gen'*, son champ d'application outrepasse largement la *demand gen'*. Mon propos dans ce chapitre vaut quelle que soit la stratégie pour laquelle vous optez, quel que soit votre business, la taille de votre entreprise et son niveau de développement.

Une fois que vous avez mené à bien tout ce travail, n'omettez pas de le partager à vos équipes ! Il est indispensable que chaque personne de l'organisation puisse assimiler les nuances du nouveau positionnement. Un *positioning book* doit être élaboré et partagé en interne. L'infléchissement du positionnement doit aussi se traduire sur tous les produits, l'ensemble du dispositif marketing, les mots-clés de votre SEA, etc. Et surtout sur le formidable support de conversion qu'est votre site Web, ce qui nous amène au chapitre suivant…

Chapitre 4

CAPTURER ET CONVERTIR LA DEMANDE

Dans ce chapitre, je me focaliserai sur les couches de capture et de conversion de la demande. Pourquoi commencer par là alors que la strate capture constitue en théorie la deuxième étape du parcours client dans 99 % des cas ? Parce que du point de vue du marketeur, il s'agit de la première étape, le préalable indispensable à la mise en place de votre couche *demand gen'* : à quoi bon faire émerger une demande si vos prospects ne retrouvent pas votre solution en un clic sur Internet – autrement dit : si vous n'êtes pas en mesure de recueillir cette demande ? Mettre en place une stratégie *demand gen'* sans s'assurer de l'efficacité de votre couche capture, c'est comme remplir un panier percé. Pire, vous roulez pour vos concurrents !

Ajoutons que la mise en place d'une stratégie de capture efficace permet de convertir les prospects qui sont déjà en recherche active d'une solution similaire à la vôtre, car oui, il en existe, même s'ils ne représentent que 1 % de votre marché ! La simple mise en œuvre de cette couche de capture est donc susceptible de vous apporter du business avant même le déploiement de votre couche *demand gen'*. En fait, elle est un préalable indispensable à toute démarche d'acquisition, quelle que soit la stratégie pour laquelle vous optez. Et ça tombe bien, elle repose sur des mécanismes très faciles à mettre en œuvre !

En premier lieu, il importe d'être sous les yeux du prospect en recherche active. Et que fait un prospect en recherche active en 2023 ? Il interroge Google évidemment ! Dans ce chapitre, je vous donne les clés pour maximiser votre visibilité dans l'océan du Web et construire le site Internet le plus efficace : celui qui remplit au mieux son rôle de convertisseur et qui générera de la demande entrante.

1. ÊTRE VISIBLE SUR LES CANAUX D'INTENTION

Nous l'avons vu, les moteurs de recherche constituent des canaux d'intention : c'est-à-dire qu'ils sont utilisés de façon ciblée pour répondre à des questions précises. L'enjeu fondamental est donc d'apparaître dans les premiers résultats quand le prospect tape certains mots-clés en lien avec sa demande. Pour ce faire, le marketeur dispose de plusieurs leviers.

+ LE RÉFÉRENCEMENT PAYANT (SEA)

Le SEA (Search Engine Advertising) ou référencement payant consiste à placer une annonce de publicité dans les premiers résultats sur les moteurs de recherche. Sur Google, on utilise Google Ads pour se positionner sur les termes recherchés à partir de mots-clés. Je ne me considère pas comme un spécialiste du SEA, mais voici quelques fondamentaux qui devraient vous permettre de franchir cette première étape de la visibilité.

- Privilégiez les annonces textuelles plutôt que le display. Le display, ce sont les publicités qui apparaissent sur un site Web tiers. Les annonces textuelles apparaissent quant à elles avec des requêtes clés : leur ciblage est donc bien plus efficace, car elles correspondent mieux à l'état d'esprit d'un prospect en situation de recherche active.
- Concentrez vos annonces sur les requêtes à forte intention d'achat : les mots-clés de la requête à laquelle vous répondez doivent correspondre très précisément à votre catégorie de solution (par exemple : «logiciel facturation prix», «logiciel facturation classement», «meilleur logiciel facturation», etc.). Brasser trop large serait non seulement inefficace en drainant des prospects qui ne sont pas réellement en mode achat, mais aussi coûteux puisque les moteurs de recherche se rémunèrent au clic.

- Vos annonces doivent renvoyer vers une *landing page* qui présente votre produit ou service de manière exhaustive : la page de vente. Ici, nous ne nous situons pas dans une dynamique éducationnelle de génération de la demande. Inutile de tourner autour du pot donc, au contraire, il s'agit de pousser notre produit comme le héros qui va résoudre un problème précis. Si votre produit répond à plusieurs cas d'usages, il convient de créer une annonce spécifique pour chaque usage et de décliner la *landing page* de sorte que la présentation du produit corresponde exactement à l'annonce textuelle. (Voir sections 3 et 4 consacrées à l'élaboration des pages de vente.)
- Enfin, c'est une évidence qu'il est toujours bon de rappeler : il est impératif de se positionner sur les intentions de recherches « brandées », c'est-à-dire les intentions qui comportent votre nom, celui de votre société ou de votre produit. Ce serait franchement dommage de ne pas remonter sur Google alors que le plus dur est fait, à savoir que les gens connaissent votre nom (ou celui de votre société) et vous cherchent !

Une fois ces *quick wins** mis en place, le marketeur pourra optimiser son SEA au gré des performances observées en ajoutant ou en supprimant des mots-clés, en variant les budgets par campagne, etc.

Voici par exemple les mots-clés sur lesquels se place l'entreprise YouSign, acteur de la signature digitale. Cette liste est extraite de l'outil Semrush, un logiciel d'analyse marketing. Loin d'être tirés par les cheveux, les mots-clés sont directement liés à la solution. Ils désignent sa fonctionnalité principale, ses concurrents, son nom de marque.

Paid Search Positions 1 - 100 (207) Manage columns 15/17 Export

Ad	Keyword	Pos.	Diff.	Block	Volume	CPC	URL	Traffic	Traffic %	Cos
ad	yousign	• → 1	new		40,500	2.62	yousign.com/fr-fr	1,903	13.04	5
ad	yousign	1 → 1	0		40,500	2.62	yousign.com/fr-fr/logiciel-signature-electronique	1,903	13.04	5
ad	docusign	2 → 2	0		90,500	1.24	yes.yousign.com/fr/e-signature-alternative-docusign	1,176	8.06	1.5
ad	signature	1 → 1	0		22,200	1.00	yes.yousign.com/fr/signature-electronique-legale	1,043	7.14	1
ad	signature électronique	1 → 1	0		22,200	1.54	yes.yousign.com/fr/signature-electronique-legale	1,043	7.14	1.6
ad	yousign	2 → 2	0		40,500	2.62	yousign.com/fr-fr	526	3.6	1.4
ad	jesignexpert	1 → 1	0		9,900	2.26	yes.yousign.com/fr/signature-electronique-legale	465	3.18	1.1
ad	signature electronique	1 → 1	0		8,100	1.29	yes.yousign.com/fr/signature-electronique-legale	380	2.6	49
ad	signature electronique	1 → 1	0		8,100	1.54	yes.yousign.com/fr/signer-en-ligne-legalement	380	2.6	58
ad	signature electronique	1 → 1	0		8,100	1.29	yes.yousign.com/fr/comment-faire-signature-electronique	380	2.6	49

+ LE SEO OU RÉFÉRENCEMENT NATUREL

Une fois les requêtes fructueuses repérées avec la couche SEA, on peut amorcer un chantier annexe sur ces requêtes via du référencement naturel (SEO) ou de l'affiliation payante (par exemple, pour être présent sur un article de blog bien référencé).

+ SE RÉFÉRENCER SUR GOOGLE MY BUSINESS

N'omettez pas de référencer votre entreprise sur Google My Business. La fiche Google My Business que vous remplissez apparaît dans le service Google Maps ainsi que dans les résultats de recherche Google sous forme de *local pack* composé de trois résultats d'établissements, lors des requêtes liées à des entreprises locales. Son objectif : asseoir votre crédibilité en apportant de la preuve sociale : photos de vos locaux, de votre équipe, informations, posts promotionnels, avis clients sont autant d'éléments qui contribueront à briser la méfiance naturelle de vos prospects en les aidant à cerner qui vous êtes, à savoir une *vraie* entreprise, avec de *vraies* personnes. Il serait d'autant plus regrettable de s'en priver qu'il s'agit d'un service gratuit !

Voici la fiche Google My Business de l'agence Coudac. Photos d'employés, localisation sur Google Maps, avis de clients et brève présentation : tous ces éléments renforcent la crédibilité de l'agence.

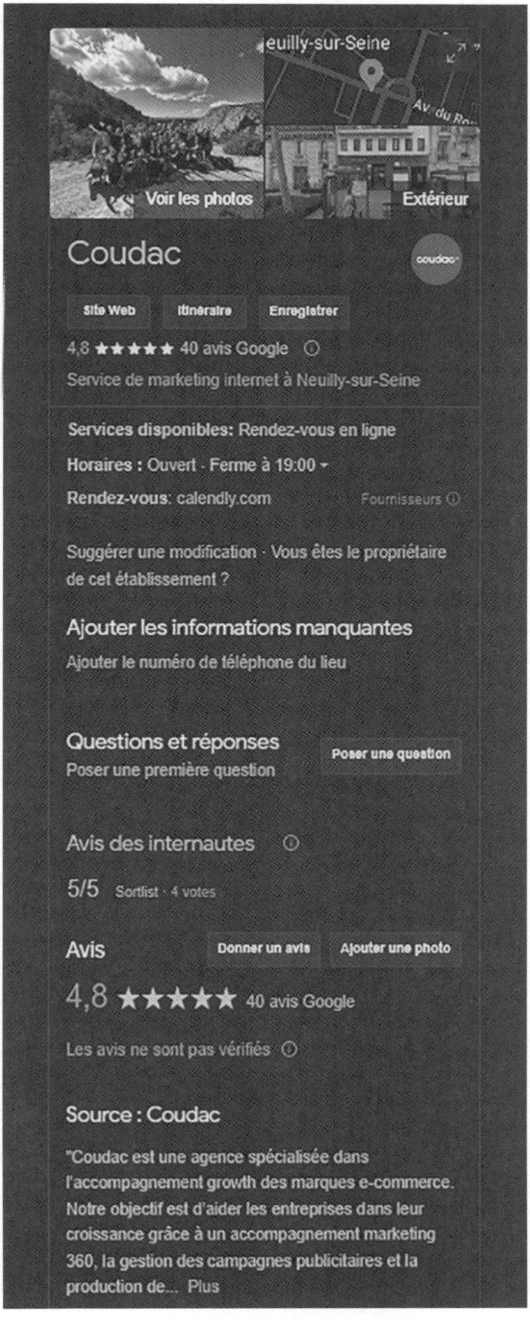

euilly-sur-Seine
Av. du Ro...
Voir les photos
Extérieur
Coudac
coudac
Site Web
Itinéraire
Enregistrer
4,8 ★★★★★ 40 avis Google
Service de marketing internet à Neuilly-sur-Seine
Services disponibles: Rendez-vous en ligne
Horaires : Ouvert · Ferme à 19:00
Rendez-vous: calendly.com
Fournisseurs
Suggérer une modification · Vous êtes le propriétaire de cet établissement ?
Ajouter les informations manquantes
Ajouter le numéro de téléphone du lieu
Questions et réponses
Poser une première question
Poser une question
Avis des internautes
5/5 Sortlist · 4 votes
Avis
Donner un avis
Ajouter une photo
4,8 ★★★★★ 40 avis Google
Les avis ne sont pas vérifiés
Source : Coudac
"Coudac est une agence spécialisée dans l'accompagnement growth des marques e-commerce. Notre objectif est d'aider les entreprises dans leur croissance grâce à un accompagnement marketing 360, la gestion des campagnes publicitaires et la production de... Plus

+ SE RÉFÉRENCER SUR LES PLATEFORMES DE COMPARAISON ET D'AVIS

Enfin, n'oubliez pas de vous référencer sur les plateformes de comparaisons et d'avis qui drainent parfois un trafic non négligeable (Trustfolio, Trustpilot, Avis vérifiés, etc.).

Si vous vendez un logiciel, remplissez votre fiche sur les plateformes de comparaison suivantes : G2 Crowd, Capterra, Blog du modérateur, Software Advice, Appviser, etc.

Si vous êtes freelance, remplissez un profil sur Malt, crème de la crème, LeHibou, etc.

Si vous êtes une agence, tournez-vous vers Sortlist !

La plupart du temps, le référencement sur ce type de plateforme est gratuit, mais vous pouvez booster encore plus votre visibilité en souscrivant à des options payantes.

Ci-dessous, la fiche de la solution PayFit, logiciel de gestion de Ressources Humaines, sur le comparateur Capterra, dédié exclusivement à la comparaison de logiciels.

ZOOM

LE *FUNNEL DEMAND GEN'* POUR LES SOLOPRENEURS OU LES FREELANCES

La bipartition de votre stratégie marketing en une phase de capture et une phase de génération de la demande peut s'appliquer quelle que soit la taille de votre entreprise. Il n'est pas toujours nécessaire d'investir dans un site Internet ou de financer une campagne de SEA.

Si vous êtes solopreneurs comme moi, LinkedIn est votre ami, parce que ce réseau social permet de reconstituer le *funnel demand gen'* à petite échelle : vos publications, qu'elles soient organiques ou sponsorisées, constituent votre couche « génération de la demande ». Dans vos posts, vous privilégiez une approche sectorielle : vous relevez des tendances ou des problématiques, des réflexions personnelles en lien avec votre domaine d'expertise. Les publications qui concernent directement ce que vous vendez ne représentent pas plus de 30 % de votre communication. Vous vous adressez ici à une cible large, l'enjeu est de détonner, de créer l'affinité, d'être commenté et partagé afin de rendre visible le type de service que vous offrez, le problème que vous prétendez résoudre et ainsi faire émerger une demande.

Votre page de profil LinkedIn constitue quant à elle la couche « capture », exactement comme un site Internet : celle-ci doit donc être remplie dans l'optique unique de convertir la demande en demande entrante. En quelques mots, vous devez faire apparaître clairement votre proposition de valeur, vos champs d'intervention et pourquoi pas une fourchette tarifaire. Les recommandations de clients constituent également un atout précieux : elles vous confèrent de la crédibilité. Si ces conditions sont réunies, votre page remplira son office de conversion et vous recevrez des messages de demande de connexion de la part de vos prospects : considérez ceux-ci comme des intentions déclarées et empressez-vous de répondre pour les convertir en opportunité gagnée. N'oubliez pas, la réactivité est la clé !

Outre LinkedIn, les solopreneurs peuvent investir les plateformes de freelancing telles que crème de la crème, Malt, ou encore Upwork, leader à l'international. À vous de repérer ceux qui ont la meilleure dynamique et qui correspondent le mieux à votre secteur d'activité ! Notez que ces plateformes constituent des canaux d'intention par excellence : les prospects y mènent des recherches extrêmement ciblées. Et comme sur Google, la concurrence est rude. Pour vous démarquer parmi les milliers de profils qui proposent des services similaires, vous devez bien évidemment apporter un soin particulier à votre page : proposer un titre et un pitch percutant et différenciant, clarifier vos atouts, votre valeur ajoutée, et ne pas hésiter à réajuster régulièrement les mots-clés de votre annonce en fonction des résultats obtenus. Enfin, comme sur un site Web ou comme sur votre page LinkedIn, il vous faudra fournir un maximum de *social proof*, notamment en demandant à vos clients satisfaits de vous évaluer sur ces plateformes.

Ci-dessous mon propre profil de consultant marketing sur Malt, la plateforme des freelances.

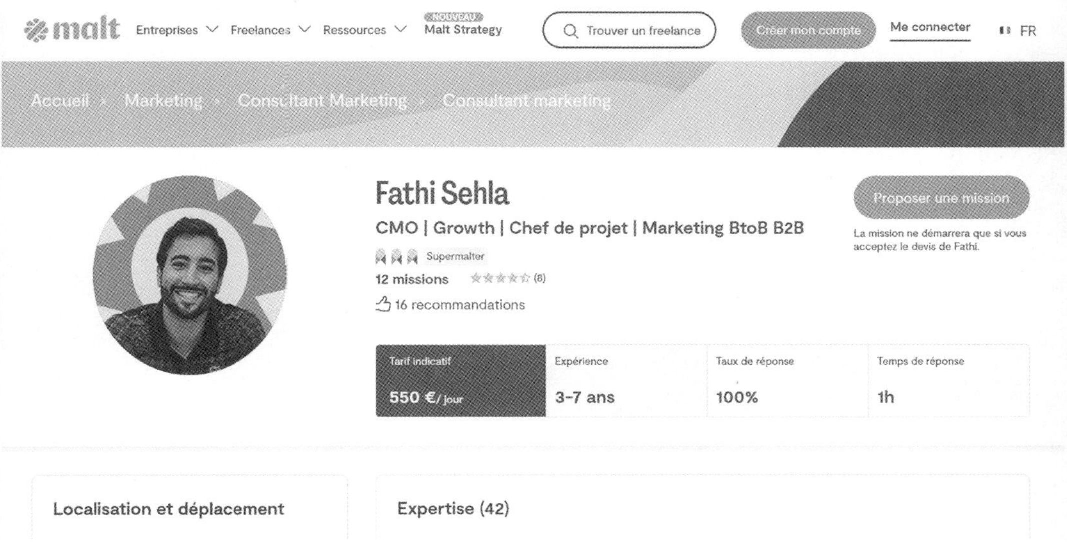

2. CONVERTIR LA DEMANDE EN INTENTION DÉCLARÉE : LE SITE WEB

Le site Web est l'élément phare de la capture de la demande puisqu'il s'agit du principal support de conversion de la demande en intention déclarée. Malheureusement, c'est aussi bien souvent l'élément qui génère le plus d'incompréhension et de confusion. En effet, la plupart des sites sont encore conçus comme en 2005... Rappelons-le, il y a quinze ans, le site Web était pensé comme un hub de ressource, un microsystème contenant à la fois la couche génération de la demande (blog) et la couche capture. Or, il s'agit d'un temps révolu. En 2023, un site Web n'a plus qu'une seule vocation : convertir la demande en intention déclarée ! Les conseils qui suivent vous sembleront peut-être évidents et pourtant peu d'entreprises les suivent à la lettre...

+ L'ARCHITECTURE DE VOTRE SITE : LA SIMPLICITÉ AVANT TOUT

Pour que votre site Web remplisse son rôle de convertisseur, il doit mettre en avant une proposition de valeur claire et convaincante. Ainsi, les contenus trop étoffés et les ramifications trop complexes sont à proscrire, parce qu'elles risqueraient de perdre votre prospect et de noyer votre message.

Une architecture efficace est une structure simple qui ne comporte que les éléments essentiels :

- une *home page* qui dirige les différents publics (clients, prospects, presse, candidats, etc.) ;
- une page « À propos » qui révèle les coulisses de l'entreprise et l'histoire de ses fondateurs ;
- une page de vente (ou *landing page*) qui présente la proposition de valeur de votre produit ou service, ainsi que les problématiques

qu'elle est censée résoudre. Je vous en détaillerai la structure dans la section suivante ;
- une page tarifs qui indique clairement une fourchette de prix ;
- une page étude de cas qui met en lumière les atouts concrets de la solution auprès d'un vrai client ;
- si vous vendez une solution tech, il est vivement recommandé d'ajouter des pages produits qui présentent les fonctionnalités de votre solution d'un point de vue technique et fonctionnel.

Afin d'améliorer le référencement de votre site, n'oubliez pas d'ajouter des articles orientés SEO dans le *footer*. Les articles SEO sont les articles qui s'adressent à une audience en recherche active : par exemple les articles qui dressent des listes et comparent diverses solutions, les articles qui proposent des critères de sélection pour choisir une solution, etc.

+ LE CONTENU : TRANSPARENCE ET EFFICACITÉ

Une fois l'architecture globale établie, vous pouvez procéder à l'élaboration du contenu de vos pages. L'idée est de donner toute la matière nécessaire pour que le visiteur puisse s'auto-qualifier et déterminer de lui-même la pertinence à vous contacter. Votre site doit ainsi contenir les éléments suivants :
- Une information commerciale complète. Vous donnez aux prospects tous les éléments nécessaires à sa prise de décision : une démo de votre produit ou service en vidéo, vos tarifs, votre cible idéale…
- Une preuve sociale en béton. Votre site affiche des études de cas, des articles presse ou extraits de passage média (podcasts, émissions, etc.) et surtout des avis récents de clients satisfaits, idéalement en vidéo : indéniablement le format le plus riche et le plus crédible, on ne peut pas tricher avec un tel format, du moins plus difficilement qu'avec un simple texte ! Les personnes qui vous recommandent font véritablement

office de garants : elles doivent être identifiables et même joignables (un lien vers leurs profils LinkedIn est tout à fait le bienvenu). L'ensemble de ces preuves sociales sont des éléments souvent négligés alors qu'il s'agit de l'un des éléments les plus importants de votre site Web. Ces clients satisfaits, ce sont de vrais professionnels qui sont confrontés à peu près aux mêmes problématiques que vos prospects. Leur parole revêt ainsi une immense valeur à leurs yeux, elle s'apparente à un conseil de pair à pair.

- Votre site propose une prise de rendez-vous rapide avec un calendrier en ligne, voire un bouton *One click call/one click visio* qui offre aux prospects la possibilité d'entrer en contact avec l'équipe commerciale dans l'immédiat. En cliquant, le prospect transforme ainsi sa demande en intention déclarée. Souvenez-vous, votre modèle c'est Amazon, le champion de l'immédiateté !

> *Voici comment se présente le site Web de l'entreprise Curecall que nous avons présentée au chapitre 3. On y retrouve les éléments que j'ai mentionnés : architecture simplifiée, proposition de valeur visible directement et assortie d'un visuel, section « À propos », section « Études de cas » et section « Tarifs », bouton de prise de rendez-vous.*

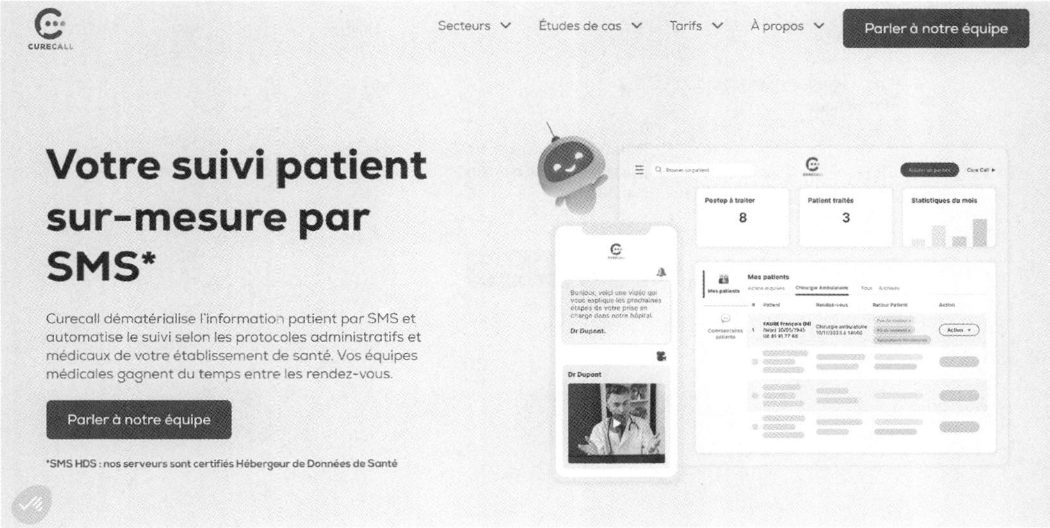

3. LA PAGE DE VENTE, STRUCTURE

À la différence de la page produit qui présente votre produit sous un angle technique, la page de vente formule clairement une proposition de valeur, c'est-à-dire les bénéfices mis en contexte du point de vue de votre cible. En substance, elle répond aux questions suivantes : pour qui, comment, pourquoi est-ce la meilleure solution ?

Non seulement elle a un objectif unique, mais en plus elle s'adresse à une audience unique et la proposition de valeur qu'elle formule est adaptée à cette audience. Vous devez donc concevoir autant de pages de *landing pages* et autant de pages de ventes que de cas d'usage de votre solution ou de cibles.

Voici comment chaque page se structure :

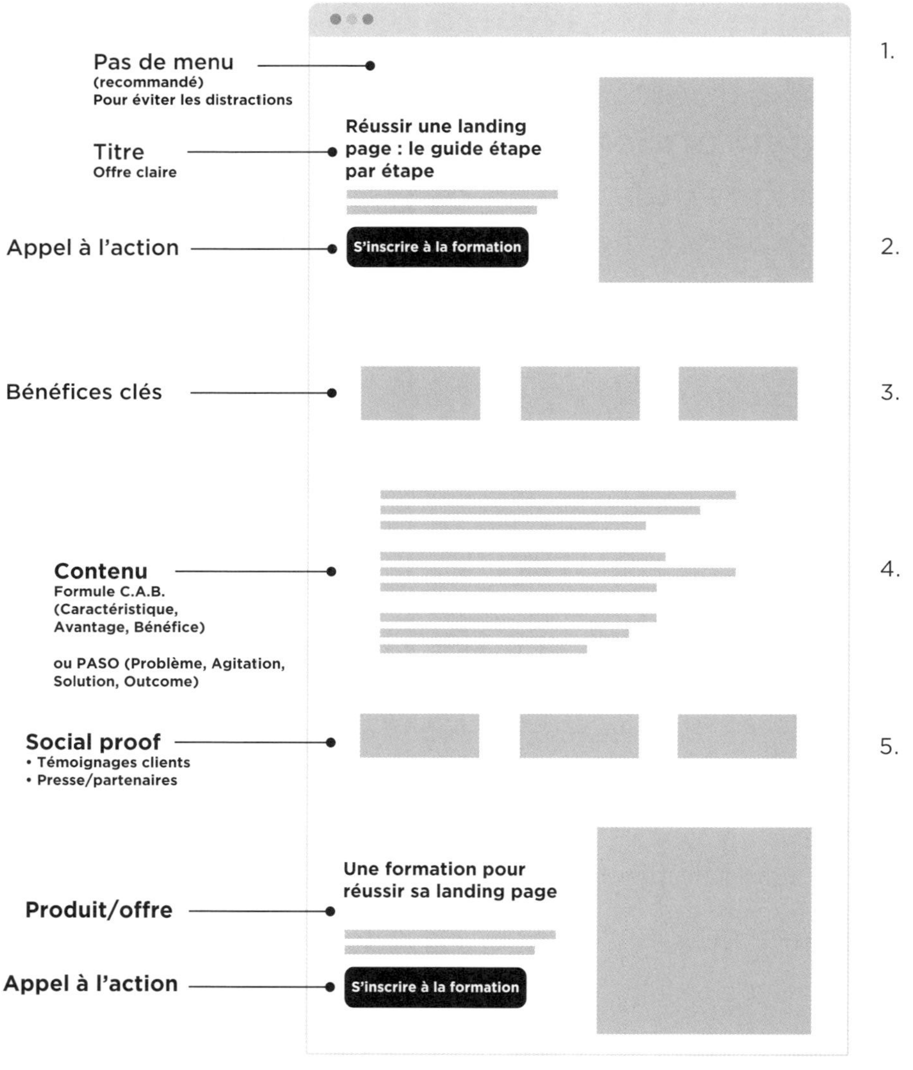

+ 1. LE *HEADER* OU LA SECTION *HERO*

Le *header*, c'est l'en-tête de votre page qui se compose généralement d'un titre, d'un sous-titre et d'une illustration. Son objectif : permettre au lecteur de comprendre votre produit en un coup d'œil !

- Votre *headline* présente la solution de manière simple et compréhensible. Votre proposition de valeur est formulée explicitement.
- Votre sous-titre est pensé pour rassurer, crédibiliser la « promesse » de résultats formulée dans la *headline*.
- Votre *header* contient une image de votre produit ou une courte vidéo qui en explique le fonctionnement. À défaut, une illustration qui explique les bénéfices de votre service ou qui suggère son secteur ou sa clientèle cible.
- Vous n'utilisez pas de stock photos stéréotype.

+ 2. L'APPEL À L'ACTION

L'appel à l'action, pour permettre par exemple au prospect de prendre rendez-vous, apparaît sous la forme d'un bouton (*call to action*). Quelques règles de bases pour concevoir des boutons efficaces :

- vos *call to action* renvoient tous sur le même objectif ;
- ils se détachent de la page par une couleur complémentaire et bougent légèrement ou changent de couleur au passage de la souris ;
- ils comportent des verbes d'action qui indiquent clairement l'étape suivante ;
- le formulaire qui apparaît une fois le *call to action* activé respecte les règles du RGPD ;
- le prospect est redirigé vers une page de confirmation lors de la soumission du formulaire. Un email de confirmation lui est envoyé pour lui indiquer clairement les prochaines étapes.

+ 3. LES BÉNÉFICES CLÉS

- Chacune de vos sections bénéfices ne représente qu'un seul bénéfice.
- Toutes vos fonctionnalités sont traduites en proposition de valeur.
- Chaque section de bénéfice comporte un visuel qui présente le bénéfice et ajoute de la valeur à la section.

+ 4. LE CONTENU

- Vos phrases sont courtes et de structure simple. Aucun concept ou idée n'est exprimé en plus de trois phrases.
- Vous utilisez un vocabulaire compréhensible pour votre audience et utilisez le minimum de mots complexes.
- Vous anticipez autant que possible les objections de vos prospects et vous les levez.

+ 5. LES PREUVES SOCIALES

- Vous intégrez les logos de vos clients les plus connus le plus haut possible dans la page pour bénéficier de leur image de marque.
- Vous intégrez des témoignages clients (en vidéo idéalement) avec des phrases impactantes qui récapitulent les bénéfices de votre produit.

+ 6. AUTRES

- Votre page contient les mentions légales de votre société.
- Vous intégrez une FAQ pour répondre à toutes les questions que les prospects se posent en rendez-vous.
- Le bandeau cookie est présent sur la page.

- Vous avez installé un chat sur la page pour répondre aux éventuelles objections de vos prospects que vous n'auriez pas anticipées.

Votre page ne contient AUCUNE faute d'orthographe. Faites-vous relire par un professionnel.

4. LA FORMULATION DE LA PROPOSITION DE VALEUR : L'ART DU *MESSAGING*

Souvenez-vous, en tant que support de conversion, votre page Web est l'un des leviers le plus puissants dont vous disposez pour accélérer votre croissance. Votre objectif sur votre site : traduire au mieux la proposition de valeur et le positionnement affiné grâce à la méthode énoncée au chapitre précédent. Pour ce faire, il existe un ensemble de techniques : le *copywriting* (l'art d'écrire des textes percutants à des fins marketing) qui s'est largement popularisé ces dix dernières années. Mais ce qui importe avant tout – je ne le répéterai jamais assez – c'est la connaissance de votre cible. Le *messaging* apparaît donc comme un fin mélange de *copywriting* et de connaissance client : tout l'enjeu est d'utiliser les mots utilisés par vos clients idéaux. Voici quelques *guidelines* pour vous aider à rédiger le message le plus efficace :

Le bon message	✗	✓
• **Va droit au but** Soyez pragmatique ! Rappelez-vous que votre prospect est sollicité, ne lui faites pas perdre son temps.	« Dans un monde toujours plus concurrentiel, chaque entreprise a besoin d'un logiciel comme le nôtre pour optimiser sa production. »	« Notre logiciel réduit de moitié votre temps de production. »

• **Adopte le point de vue du client** Faites-vous oublier, écrivez comme si vous étiez un pair de votre client et non un commerçant désireux d'écouler son produit.	« Notre équipe d'ingénieurs a conçu la plateforme pour qu'elle soit facile à prendre en main. »	« Il faut dix minutes maximum pour apprendre à utiliser notre produit. »
• **Utilise un langage simple, à la portée de tous** *Exit* le jargon ! Sauf si votre cible utilise du jargon, par exemple dans le secteur de l'IT : dans ce cas, soyez jargonneux à souhait, mais avec le jargon de votre cible !	« Notre système d'aide à la vente créé un *workflow* intégré pour des interactions plus pertinente avec les clients. »	« L'outil aide à mieux identifier les besoins du client, ce qui réduit ainsi le temps de vente. »
• **A l'air authentique** *Exit* le langage soutenu, vous ne cherchez pas à faire de la poésie, mais bien à vendre !	« Notre communication est forte, car elle reflète le comportement qui correspond à notre vision du *leadership*. »	« On parle vrai, les gens le sentent. »
• **Dit une chose spécifique** Conciliez concision et précision ! N'hésitez pas à étayer votre propos avec des chiffres, des exemples concrets.	« Notre ensemble de produits primés à plusieurs reprises vous aide à réduire vos coûts et à augmenter vos revenus. »	« L'utilisation de nos produits aboutit à une baisse moyenne de 37 % de vos coûts de logistique sur une période de douze mois. »
• **N'en fait pas trop** Le bon message s'autosuffit, c'est ce qui le rend percutant.	« Nous sommes votre botte secrète pour une campagne marketing réussie. »	« Cet outil améliore le ciblage de vos audiences. »
• **Vous fait sourire** Parlez sérieusement sans vous prendre au sérieux, un exercice subtil ! Attention toutefois à ne pas en faire trop, l'humour ne fonctionne que s'il est naturel.	« Notre équipe cumule près de 45 ans d'expertises avec des profils issus des meilleures écoles d'ingénieurs. »	« Paul est un as des chiffres avec son diplôme en finance quantitative des Mines. Il dit avoir un faible pour les cookies, les livres et le surf. Entre nous, on a bien constaté ce penchant pour les cookies, mais pas vraiment pour le reste. »

CAS D'ENTREPRISE

SWILE, DEUX SITES INTERNET BIEN DISTINCTS CORRESPONDANT AUX DEUX STRATES DE LA *DEMAND GEN'*

Pour bien comprendre la fonction d'un site Web, regardons comment procède la start-up Swile. Swile a révolutionné le ticket-restaurant en le digitalisant. L'entreprise se diversifie en proposant une plateforme qui réunit au même endroit l'ensemble des avantages des salariés (titres-resto, titres-cadeaux, titres-mobilité), la gestion des déplacements professionnels, ainsi que des solutions permettant de faciliter les interactions au travail (cagnottes, outils de sondages et d'enquêtes, etc.).

Pour son site Internet, Swile a opté pour une structure très simple : une *home page* qui affiche sa mission «réenchanter le quotidien au travail», ainsi que sa proposition de valeur «la super app qui engage vos employés» et les principaux bénéfices de ses solutions. Divers onglets invitent à découvrir plus en détail les avantages des diverses solutions : les fameuses pages produit qui sont classées par catégories de cibles (ici, on distingue les interlocuteurs RH des interlocuteurs CSE – Comité Social et Économique). Directement sur la page d'accueil, on trouve les précieux témoignages de clients satisfaits et un *call to action* nous invite à obtenir une démonstration. Nous nous situons ici dans une optique purement transactionnelle : l'ensemble du site est pensé pour répondre à un seul objectif : convertir !

En 2023, l'entreprise a lancé un deuxième site bien distinct de son site principal, The Daily Swile, véritable média qui traite de l'ensemble du monde de l'entreprise : des conseils à destination des salariés aussi bien que des dirigeants pour performer, concilier vie pro et vie perso, mais également des enquêtes de société portant sur des problématiques variées telles que l'égalité homme-femme, l'impact du salaire sur le bonheur, le *burn out*, etc. Swile apparaît ainsi comme un véritable observatoire des évolutions du monde de l'entreprise et se positionne comme un acteur de référence sur toutes les problématiques liées de près ou de loin au monde du travail – des sujets qui vont donc bien plus loin que le champ d'application de la solution Swile !

Comme Swile, vous pouvez tout à fait envisager de créer un site blog, mais celui-ci doit être conçu à part, comme un site satellite distinct de votre site commercial. Idéalement, ce site satellite répondra à un nom « brandé » distinct du nom de votre entreprise à laquelle il sera rattaché par une simple mention.

Pourquoi vouloir distinguer à tout prix le site principal du site satellite ? Parce que le premier site relève du dispositif de « capture de la demande » et ne répond qu'au seul objectif de convertir des prospects en clients. Le second site relève en revanche de la couche « génération de la demande », il est conçu comme le contenu pilier d'une véritable machine média qui confère à la marque Swile une visibilité et surtout une grande légitimité en tant qu'acteur du monde de l'entreprise. Nous y reviendrons plus amplement dans le chapitre 6 consacré au déploiement de cette couche.

Les internautes pourront accéder à ce site blog via un lien se trouvant dans la barre de navigation ou au pied de page, mais une mention du site blog n'est pas forcément nécessaire au sein même des pages Web. Encore une fois, il faut privilégier la simplicité de la structure. En 2023, on part du principe que l'internaute est suffisamment à l'aise avec la structure d'un site Web pour en comprendre les potentielles extensions et ramifications (réseaux sociaux, newsletter, hub de ressources, blog, mentions légales, etc.). À l'inverse, les pages du blog ou des ressources peuvent contenir des liens et encarts qui invitent à en savoir plus sur vos services.

RÉCAP'

Avant de déployer votre *demand gen'*, il est fondamental de vérifier que vous êtes en état de recueillir et de convertir cette demande, en travaillant la base du *funnel*. Ces bonnes pratiques semblent relever du bon sens élémentaire, pourtant très peu de sites répondent à ces critères. On peut considérer qu'un site Internet efficace doit permettre un taux de conversion supérieur à 10 %. Si vous êtes en deçà de 5 %, c'est que la conception de votre site est potentiellement à revoir…

Dans ce chapitre, je vous ai donc fourni les clés pour maximiser votre taux de conversion.

Une fois le prospect « capturé », nous atteignons l'ultime étape de notre entonnoir de vente, à savoir la transformation de l'intention déclarée en opportunité qualifiée puis gagnée ! C'est le moment où le commercial rentre enfin en scène. En principe, la clarté de votre message et la transparence des informations mises à disposition sur votre site ont permis d'opérer un filtrage important : les prospects qui ne font pas partie de votre cœur de cible se sont auto-éliminés, vous avez affaire à des *leads* super qualifiés. Il convient donc d'aligner vos ressources commerciales sur la qualité de ces prospects ! C'est avec un commercial qualifié, un expert, que ces derniers veulent traiter et non avec un junior muni d'un script. De votre côté, il ne s'agit plus de convaincre – si le prospect se trouve là, c'est qu'il est déjà convaincu – mais de répondre à ses éventuelles objections et de lui fournir des informations pointues, parfaitement adaptées à sa situation. L'enjeu est de montrer que vous répondez bel et bien à ce que vous avancez, et même, pourquoi pas, de compléter son panier d'achat en lui proposant des options ou services supplémentaires auxquels il n'avait pas pensé !

Mais n'oublions pas que la mise en place de ce dispositif de capture n'est qu'une première étape dans le déploiement de votre stratégie *demand gen'* – une étape fondamentale et nécessaire, mais loin d'être suffisante pour faire fleurir votre business !

Notez à cet égard qu'il s'agit d'une étape très compétitive : si le prospect prend connaissance de votre existence seulement au stade des canaux d'intentions (ses recherches sur Google), il vous comparera aux autres avec un raisonnement rationnel. À moins que vous soyez dix fois moins chers que la concurrence ou dix fois meilleur, il est difficile de se démarquer.

Mais si justement vous vous faites connaître en amont, vous pouvez tempérer à votre avantage ce choix rationnel en y instillant de l'émotionnel – c'est tout l'objet de la deuxième strate de la stratégie *demand gen'* : la génération de la demande à proprement parler qui consiste à créer une certaine familiarité avec votre cible, de l'affect et des émotions positives qui feront pencher la balance en votre faveur au moment de la prise de décision de votre prospect ! Et la très bonne surprise, c'est que la compétition est beaucoup moins rude sur ce terrain : beaucoup d'entreprises font du contenu certes, mais beaucoup le font mal.

Les coûts exorbitants pour être bien référencé sur Google sont une raison de plus pour travailler sa couche *demand gen'*. Même si vous n'apparaissez que comme cinquième résultat, le prospect sera davantage disposé à consulter votre page si vous êtes déjà présent dans son paysage mental – mieux, peut-être qu'il tapera directement le nom de votre entreprise et dans ce cas, adieu la compétition !

L'idéal, c'est bien sûr de réussir à gagner sur tous les fronts, aussi bien sur le terrain de l'émotionnel que du rationnel.

Chapitre 5

CONSTRUIRE LE DISCOURS LE PLUS INSPIRANT

Connaissez-vous le « Why » de Simon Sinek ? En 2009, Simon Sinek expose sa théorie des *goldens circles* à l'occasion d'une conférence TedX intitulée « Comment les grands *leaders* nous inspirent à l'action ». En dessinant trois cercles concentriques sur un tableau, l'ancien publicitaire met le doigt sur les trois composantes qui forgent selon lui un discours de marque inspirant – celui des entreprises *leaders*. À l'extérieur, le cercle « What » désigne ce sur quoi communiquent et se positionnent la majeure partie des entreprises : leurs produits, leurs services, leurs activités... Mais d'après le schéma de Simon Sinek, ce « Quoi » n'est que la première composante parmi d'autres d'un discours réussi – qui plus est, la plus superficielle. Pour être inspirant, il faut encore creuser. Nous atteignons alors un autre cercle qui correspond à un deuxième niveau de discours, celui du « How » : « Comment faisons-nous les choses ? » Autrement dit, « Quels sont nos atouts, nos valeurs ajoutées ? » Cependant, pour Simon Sinek, la force d'un discours réside davantage en profondeur, au sein du dernier cercle qui constitue le noyau du discours, celui du « Why », c'est-à-dire le « Pourquoi » : « Pourquoi avons-nous mis en place ces activités ? Quelle est notre mission et quelles sont les valeurs, la vision, qui nous animent ? »

C'est le traitement de ce « Why » qui fait la différence entre les entreprises *leaders* de leur marché et les autres. En nous invitant à partir du *Pourquoi*, Simon Sinek nous donne ainsi les clés pour construire un discours cohérent et vraiment inspirant : parce qu'il s'adresse à nos émotions et pas seulement à notre raison. Et figurez-vous qu'il est bien plus facile de ramener des gens à soi avec des arguments émotionnels que rationnels...

Vieux de plus de quinze ans, le concept de « Why » est devenu un grand classique du marketing. Pourtant, force est de constater qu'il est sous-exploité par la majeure partie des entreprises : elles communiquent sur ce qu'elles font, mais très rarement sur *pourquoi* elles le font. Au mieux, le traitement du « Why » se résume à quelques lignes dans la section « À propos » de leur site Web... Et cela est d'autant plus vrai en France (vs les États-Unis) pour le secteur B2B (vs le secteur B2C). Il s'agit à mon sens d'une grave négligence ! En 2023, les gens n'achètent pas un produit et un service, ni même un simple bénéfice, mais un mouvement, une transformation, une adhésion à un changement dont ils espèrent tirer le meilleur parti. Cette réflexion doit tout particulièrement vous animer dans la mise en place de votre couche *demand gen'*. Souvenez-vous : on ne se situe pas dans pas dans une logique transactionnelle, mais dans une logique d'affinité. Au-delà de fournir des contenus « prêts à être consommés », vous devez raconter des histoires, de celles qui inspirent, parce qu'elles répondent à un « Why » !

Dans ce chapitre, je revisite la théorie de Simon Sinek et vous livre ma méthodologie pour vous aider à échafauder l'histoire la plus puissante, celle qui légitimera votre existence et votre proposition, tout en menant votre cible à lever la main toute seule.

1. LES TROIS COMPARTIMENTS DE VOTRE DISCOURS

Outre la théorie des *goldens circles* de Simon Sinek, le modèle dont je m'inspire ici a été élaboré par Tien Tzuo, CEO de Zuora et anciennement CMO de Salesforce. À l'instar de Simon Sinek, Tien Tzuo propose une trame narrative sous la forme de triptyque : le concept des trois *rooms*[1], trois briques pour construire un discours cohérent et inspirant. Si cette stratégie a été établie pour orienter l'ensemble des communications de l'entreprise

1. https://www.linkedin.com/pulse/three-rooms-framework-john-keehler/ https://paulstansik.medium.com/the-three-rooms-what-your-marketing-message-might-be-missing-65c3761eff38

(le site Web aussi bien que le pitch des commerciaux), il semble particulièrement pertinent de l'appliquer à vos communications destinées aux *dark funnels* ! Ainsi l'ensemble de vos contenus – ou plutôt de vos histoires – doivent traverser trois compartiments afin de convaincre votre cible.

+ *STRATEGIC STORY*

Dans ce premier compartiment, vous ne parlez pas de vous, mais vous exposez le contexte global du surgissement de votre solution : les tendances de votre marché et surtout le grand changement qui se manifeste, les raisons qui font que la situation est inédite. Quelle est la révolution sur le marché et quelles sont ses conséquences ? Vous pouvez étayer votre discours à l'aide d'observations, d'analyses pointues : c'est l'occasion d'afficher votre expertise dans votre domaine et bien plus encore : votre hauteur de vue !

En creux, bien sûr : qu'est-ce qui légitime votre existence, qu'est-ce qui vous rend pertinent sur le marché aujourd'hui ? Plus qu'au « why », ce niveau de discours répond à la question très concrète du « Pourquoi maintenant ? »

> *Prenons l'exemple de Pretty Immo, (il s'agit d'une entreprise de mon invention, mais je m'inspire largement de mon expérience avec mon ancienne start-up Achylles). Pretty Immo commercialise une offre de courtages immobiliers dédiés aux entrepreneurs dépourvus de CDI (freelances ou dirigeants d'entreprise) – des profils « à risque » du point de vue du banquier. Dans l'élaboration de sa strategic story, Pretty Immo mettra en avant le contexte de marché suivant :*
>
> - *Depuis la crise sanitaire, on assiste à une évolution du rapport au travail qui se traduit notamment par une montée en puissance de l'entrepreneuriat/du freelancing par opposition au*

salariat. Pourtant, loin de s'adapter à cet état de fait, les banques semblent résolument coincées dans l'ère du salariat.

- *Dans un contexte de fermeture du marché du crédit immobilier et de hausse des taux, les banques ferment les écoutilles et il est de plus en plus difficile d'obtenir un prêt immobilier.*

À ce stade donc, notez qu'il n'est pas encore directement question de votre solution, seulement d'un contexte financier spécifique qui menace un droit fondamental : le droit à la propriété.

Quand on y réfléchit, les plus grandes firmes exploitent énormément ce niveau de discours, allant même jusqu'à définir un ennemi contre lequel elles s'érigent en sauveur : Burger King contre McDonald's, Apple contre Microsoft, Tesla contre les voitures à moteur thermiques qui menacent l'environnement, Uber contre les taxis, Airbnb contre les hôtels, etc. Et pour moi-même, sauriez-vous identifier ma *strategic story* ? C'est l'avènement du Dark social, que je prends soin d'insérer dans une perspective historique : comme je vous le disais en introduction, une révolution est en marche ! Mon ennemi juré, c'est bien sûr la *lead gen'*...

Ce compartiment constitue donc la pièce maîtresse de l'ensemble de votre trame narrative, parce qu'il s'agit d'une entrée en matière bien plus audible que celle qui consiste à pointer les problèmes de votre cible – « Vous ne parvenez pas à obtenir un prêt immobilier ? Pas de panique, nous sommes là pour y remédier ! » La plupart des gens ne souhaitent pas être mis en face de leurs échecs ou de leurs problèmes, encore moins dans un contexte de recherche passive, lorsqu'ils scrollent sur les réseaux sociaux et les plateformes de contenus... En soulignant un mouvement global, une tendance ou une révolution du marché qui dépasse leur simple cas, vous générez un sentiment d'urgence, vous les menez à s'interroger sur leur propre cas *par eux-mêmes* et c'est cette autonomisation qui fait toute la différence. Une fois votre cible convaincue qu'un changement est bel et bien en cours, il n'y a qu'un pas pour la convaincre que vous êtes la solution pour qu'elle en tire le meilleur parti !

+ *TACTICAL STORY*

Dans ce deuxième compartiment, on se concentre plus directement sur les segments de la clientèle cible : il s'agit d'articuler le changement énoncé plus haut avec la situation spécifique de notre audience et les enjeux concrets qui en découlent. Si le changement énoncé précédemment est avéré, qu'est-ce que cela signifie pour votre cible ? De quelle manière sera-t-elle affectée ? Quels sont les problématiques et défis auxquels elle devra répondre ? Quel sera le coût induit par ces problématiques ? Autrement dit : il y aura des gagnants et des perdants, mais comment devenir un gagnant dans ce nouveau contexte, et quelles sont les opportunités à ne pas manquer ?

> *Revenons à notre entreprise Pretty Immo. Le contexte de marché énoncé plus haut permet d'aboutir à la problématique suivante qui constitue le deuxième compartiment de discours (tactical story) : « Il devient de plus en plus difficile d'accéder au crédit immobilier. Parmi les profils les plus impactés par la fermeture des crédits, nous pouvons citer les entrepreneurs, les fondateurs de PME et de start-up, les autoentrepreneurs ou mandataires sociaux. En somme, ceux qui créent la richesse de demain… » – et au passage, on flatte la cible.*

Ensuite, vous poser les jalons de votre proposition de valeur, et énoncez votre promesse, ou plutôt, votre mission sacrée.

> *« Même sans CDI, il existe des solutions pour ce type de profils. Il est tout à fait possible de tirer son épingle du jeu… À*

condition d'être bien accompagné. C'est en se frottant lui-même à la difficulté d'obtenir un crédit que Benoît, consultant financier en freelance, a eu l'idée de fonder une entreprise de courtages dédiée aux entrepreneurs. Pretty Immo est né, avec une devise : faciliter l'accès au crédit immobilier pour tous les entrepreneurs ! »

+ *SUCCESS STORY*

Enfin, dans le troisième compartiment, vous introduisez votre produit ou votre offre de service comme LA solution concrète à toutes les difficultés énoncées plus haut. Vous exposez de quelle manière vous procéder. Vos armes secrètes pour répondre à votre promesse : quelles sont les fonctionnalités de votre produit qui font la différence ? Quelles sont les compétences qui vous différencient en tant que prestataire de services ?

Si on reprend le cercle de Sinek, on se situe ici entre le « How » et le « What ». Après avoir exposé votre « Pourquoi », vous livrez les moyens concrets qui vous permettront d'honorer votre promesse.

La plupart des entreprises investissent déjà ce compartiment dans leurs communications, mais le plus souvent, elles perdent de vue l'état d'esprit de leur cible et se contentent de recenser une liste de fonctionnalités qui, aussi pertinentes qu'elles soient dans l'absolu, ne constitueront jamais que des arguments rationnels. Je le dis et le répète : personne n'achète une fonctionnalité ni même un bénéfice – et il va sans dire que personne ne souhaite se plonger dans une démo produit en scrollant LinkedIn : pour être lu et entendu, vous devez insérer vos atouts au sein d'une histoire, les caractéristiques de votre solution apparaissant comme les « cadeaux magiques » qui permettront à vos clients de surmonter les « obstacles » et d'atteindre leur Graal.

> *« Benoit s'est entouré d'une équipe de développeurs de génie et de courtiers qualifiés pour concevoir notre joyau tech à la hauteur de ses ambitions : un logiciel unique comparateur de banques. Grâce à ce logiciel et l'analyse poussée des dizaines d'experts qui composent nos équipes, nous suivons en temps réel l'ensemble des taux bancaires, nous livrons les tendances de marchés et nos astuces pour défendre les dossiers de nos clients et permettre aux entrepreneurs d'acquérir la maison de leurs rêves ! »*

Enfin, il est fondamental de prouver vos dires : oui, vous pouvez faire en sorte que l'histoire devienne réalité. Et pour ce faire, quoi de mieux qu'une histoire vraie ? Le plus beau récit, c'est celui de votre succès, ou plutôt celui du succès d'un de vos clients, grâce à vous !

> *« Avec Pretty Immo, ce sont déjà plus de 20 000 dossiers d'entrepreneurs acceptés : Découvrez le témoignage d'Antoine et de Julie, tous les deux freelances en marketing, qui ont fait le choix de quitter Paris pour restaurer un moulin dans l'Allier et travailler en full remote ! »*

CAS D'ENTREPRISE

ZUORA, L'ÉTUDE DE CAS

Je vous propose d'étudier le cas de Zuora, une entreprise éditrice de solutions de facturation par abonnement cotée au New York Stock Exchange. Si cette entreprise m'intéresse tout particulièrement, c'est que son fondateur et CEO n'est autre que Tien Tzuo, le père du concept des trois *rooms* que j'ai exposé dans ce chapitre. Voyons de quelle manière il a transposé son concept sur son propre business.

Zuora propose donc une plateforme de monétisation qui optimise le fonctionnement des entreprises reposant sur un modèle économique d'abonnement. À l'origine, son message est le suivant : « The saleforce of online billing. » : « La force de vente de la facturation en ligne. » c'est-à-dire un discours exclusivement orienté sur son produit, au mépris du contexte, et sans aucune notion d'urgence. Puis, Tien Tzuo a décidé de remanier l'ensemble de son discours de sorte qu'il traverse les trois *rooms*.

ROOM 1 : LE CONTEXTE

L'élément disruptif, c'est l'avènement de l'économie de l'abonnement, problématisé de la sorte : « Pourquoi le modèle de l'abonnement est le futur de votre entreprise et comment vous y prendre ? » Au travers de multiples articles et même un livre *best-sellers*[2], Tzuo nous raconte une histoire qui commence il y a deux siècles : celle du basculement de l'artisanat à l'ère industrielle, qui engendre une certaine déshumanisation dans la relation entre les fabricants et les clients finaux… Cependant, d'après Tzuo, un nouveau paradigme est en train d'émerger : nous sommes

2. TZUO Tien, *Le business model de l'abonnement : Pourquoi le modèle de l'abonnement est le futur de votre entreprise – et comment vous y prendre*, Trad. Carla Lavaste, éditions Eyrolles, 2019.

en train de basculer dans l'ère de l'abonnement, corollaire d'un retour à la notion de service client ! (Peut-être même la fin de la notion de propriété – le DVD a été supplanté par Netflix, l'achat d'une voiture tend à être supplanté par le modèle du *leasing*, etc.)

C'est le moment d'introduire la solution Zuora, non pas comme un vulgaire « produit », mais comme un observateur, une référence sur le marché qui produit des analyses poussées : « Nous observons d'ailleurs chez Zuora que cette économie de la souscription est en train de croître très rapidement en Europe. »

En inscrivant son discours au sein de la grande Histoire, Tzuo prend de la hauteur : il porte une vision. Parce que ce compartiment traite de ce qui se passe dans le monde et ce dont les gens ont besoin pour « survivre », les autres niveaux de discours doivent à tout prix y être connectés…

ROOM 2 : « IL EXISTE DES SOLUTIONS. »

La deuxième étape du discours consiste à distiller un sentiment d'urgence en introduisant l'idée qu'il y aura des gagnants et des perdants. Pour tirer profit de l'évolution décrite plus haut, il existe heureusement des solutions… « Il existe aujourd'hui pléthore d'outils pour créer des services, et c'est pour cela que les entreprises n'ont aucune excuse de ne pas le faire. Le *business model* consistant à vendre des produits sans chercher à comprendre les attentes du client appartient au passé. »

Cette assertion aboutit à une évidence : « Vous devez à tout prix modifier votre business pour tirer votre épingle du jeu ! » Puis, l'air de rien, on introduit l'entreprise et sa promesse : « Oh, justement, il se trouve que notre produit vous permet d'atteindre vos objectifs ! » : « Zuora renforce votre business d'abonnement ! »

***ROOM* 3 : LE « COMMENT »**

Enfin, c'est le moment de présenter le produit en lui-même et ses diverses fonctionnalités : « Zuora RBM inclut tout ce dont vous avez besoin pour accélérer la croissance de votre business, etc. »

C'est indéniablement le soin apporté au traitement du contexte – la première *room* donc – qui a permis de propulser Zuora comme leader sur son marché. « Ce qui a fait notre succès, c'est que nous n'avons pas parlé de ce que nous faisons. Ce dont nous avons parlé, c'est de la fin du modèle Software. » résume Tien Tzuo qui va même plus loin en affirmant que c'est aussi ce qui fait la différence entre le centième de CEO que l'on peut qualifier de « visionnaire » et les 99 autres ! Et qui ne rêve pas de s'amarrer à une entreprise visionnaire ? Consommer visionnaire, n'est-ce pas acheter un peu de cette vision[3] ?

2. DES HISTOIRES TRANSVERSALES

+ IL N'EXISTE PAS DE PARCOURS CLIENT LINÉAIRE ET PRÉDÉFINI

Dans ces trois niveaux de discours, vous reconnaissez probablement le fameux triptyque Tofu, Mofu, Bofu* (Top of the funnel, Middle of the funnel, Bottom of the funnel) et en effet, on peut relever un certain parallélisme, les *startegic stories* pouvant être assimilées à des contenus Top of the funnel, les *tactical stories* à des contenus Middle of the funnel et les *success stories* à un contenu Bottom of the funnel.

3. https://www.zuora.com/2017/09/14/3-questions-for-tien-tzuo-ceo-founder-of-zuora/

Cependant, l'approche qui consiste à distinguer les contenus suivant l'étape du *funnel* auxquels ils correspondent semble quelque peu réductrice : elle présuppose une certaine linéarité dans un parcours d'achat séquencé, comme si le prospect suivait bien sagement un chemin déterminé à l'avance. Or, la réalité est un peu plus chaotique. Il est souvent impossible de déterminer le degré de maturité exact de notre audience ! En fait, dans une perspective *demand gen'*, c'est la notion même de *funnel* qui doit être remise en cause. En effet, elle appartient à la terminologie de l'approche qu'elle prétend justement dépasser : la *lead generation* qui « pêche » des *leads* et les fait entrer de force dans un parcours de *nurturing* séquencé et rigide. L'approche des trois compartiments nous invite quant à elle à communiquer sur ces trois niveaux de discours de manière simultanée : à travers des contenus distincts ou bien au sein d'une seule histoire qui fait le fil conducteur avec les trois compartiments (à travers un post par exemple).

La structure

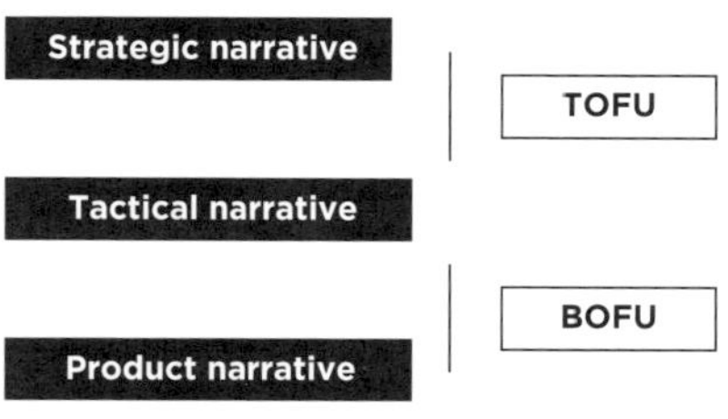

3 niveaux de lecture pour couvrir le « buyer journey » sur les points clés.

Pas besoin de subdiviser plus que ça - tombe dans la complexité.

Notez qu'il ne s'agit pas d'un entonnoir - tout ce contenu est destiné à l'ensemble de notre ICP/Persona.

Créez des catégories/sujets clés à tester dans ces catégories de contenu.

+ UNE TRAME DE MESSAGE TRANSVERSAL

Je vous livre ici une trame type de message transversal. Il en existe d'autres, mais le principal est que vous traversiez les trois compartiments !

- Commencez par analyser ce qui se passe sur le marché qui affecte votre cible, les éléments « disruptifs ».
- Exposez ensuite de quelle manière exactement votre cible est affectée. Quels nouveaux défis ce changement amène-t-il ? Quels sont les risques et les opportunités qui résultent de cette nouvelle donne ?
- Quelle serait la solution idéale au regard de ce changement ? À ce stade, il n'est pas question de votre produit, ni même de votre entreprise. Vous adoptez encore la posture d'un sage qui se contente de partager sa vision.
- Une fois ce tour d'horizon effectué, vous pouvez enfin introduire votre solution en soulignant : « C'est la raison pour laquelle nous avons créé…, pour aider les entreprises à faire face… et répondre aux défis de… ».
- Enfin, il est fondamental de justifier votre positionnement de « héros » en exposant vos valeurs ajoutées. Attention, dans cette ultime étape de votre discours, vous vous adressez toujours à une cible en recherche passive : on évitera là encore de rentrer dans le détail des fonctionnalités du produit, focalisez-vous plutôt sur la manière dont il aide concrètement de vraies personnes.

Faites-vous aider !

Je vous ai livré un cadre pour vous aider à construire votre discours triptyque, mais je ne sous-estime en aucun cas la difficulté d'un tel exercice. Si vous en avez les moyens, sachez qu'il existe des agences spécialisées en *storytelling* qui vous aideront à identifier des thèmes de fonds et à élaborer votre discours brique par brique.

Si vous n'avez pas les moyens de vous faire aider par une agence, l'IA est votre amie ! On pense souvent à utiliser ChatGPT pour la rédaction des contenus, mais cet outil est aussi un formidable allié pour brainstormer, vous aider à identifier des angles de traitement inédits, améliorer et affiner vos intuitions.

RÉCAP'

Sur la couche «génération de la demande», l'ensemble de vos publications, qu'il s'agisse de posts LinkedIn, d'articles de blog, de vidéos ou de publicités, doit ainsi traverser trois compartiments de discours :

- Le compartiment stratégique (*strategic story*) qui énonce un contexte global vecteur de changements et qui instille un sentiment d'urgence à passer à l'action.
- Le compartiment tactique (*tactical story*) qui formule une problématique à laquelle votre cible est ou sera confrontée du fait de ce contexte.
- Enfin, le compartiment succès (*success story*) qui présente votre offre ou produit comme la solution concrète à la problématique énoncée précédemment. Concrète parce que le discours s'appuie sur de réels succès de clients qui ont opté pour la solution.

Ce sont les deux premiers compartiments qui vous permettront de vous démarquer dans la mesure où 99 % des entreprises se contentent d'investir le troisième compartiment : elles parlent d'elles-mêmes et de leur solution sans jamais inscrire leur produit au sein d'une tendance de marché plus vaste, échouant ainsi à créer le sentiment d'absolue nécessité de recourir à leur solution. C'est au sein des deux premiers compartiments que vous livrez votre «Pourquoi», c'est-à-dire la vision qui sous-tend votre activité : en communiquant sur ces niveaux, vous vous adressez aux émotions de votre cible et pas seulement à sa raison. C'est la garantie de susciter l'intérêt, de persuader de votre valeur, mais aussi de générer à terme de meilleurs clients, parfaitement en confiance avec vous… Parce qu'ils seront alignés sur votre vision stratégique et pas seulement sur ce que vous êtes aujourd'hui !

Parce qu'il relève de couche « capture de la demande », votre site Web est conçu dans une optique purement transactionnelle. Il est donc normal et souhaitable qu'il se focalise principalement sur votre solution. Toutefois, vous pouvez tout de même faire apparaître ce triptyque en filigrane au sein des pages et en particulier dans la section « À propos » qui présente votre entreprise et votre vision.

Au chapitre suivant, je vous dévoile la machinerie *demand gen'* pour véhiculer au mieux ce discours de fond.

Chapitre 6

LA MACHINERIE *DEMAND GEN'* : QUAND LE CONTENU EST MOTEUR DE LA STRATÉGIE

La plupart des entreprises sont entrées de plain-pied dans l'ère du contenu, mais elles commettent une erreur fondamentale : s'adresser à leur cible comme s'il s'agissait d'une audience en recherche active de leur solution à grand renfort d'autopromotion, à la façon des bonnes vieilles publicités TV, comme si le problème qu'ils prétendent traiter était le seul et l'unique qui occupait l'esprit de leur audience… C'est sans compter sur la réalité des pratiques à l'ère du Dark social ! Une telle communication est ressentie comme lourde, en dissonance totale avec l'état d'esprit des prospects : ils n'éprouvent pas un besoin urgent de votre solution, voire ils n'ont pas connaissance de son existence et s'en portent très bien. Quand ils scrollent leur téléphone, c'est pour se divertir, communiquer avec des amis ou encore se cultiver. Certainement pas pour faire leur marché !

Si la *lead generation* semble prendre conscience de cette réalité en proposant des contenus à forte valeur ajoutée (livre blanc, *use case*…), elle tombe dans un autre écueil en interprétant l'intérêt de ceux qui consomment ces contenus comme une intention d'achat et en les considérant dès lors comme des *leads* qualifiés… Pour ensuite les gaver de contenus autopromotionnels.

La *demand gen'* quant à elle se garde bien de surinterpréter le moindre signal : elle considère que la seule intention d'achat qui vaille est celle formulée par le prospect lui-même. Mais si notre stratégie repose sur la conviction qu'on ne peut pas forcer le passage de la recherche passive à la recherche active, elle ne s'interdit pas de tenter de l'accélérer… Le phénomène sur lequel elle s'appuie : le Dark social, cette boucle de viralité qui booste la notoriété de façon organique !

Dans ce chapitre, nous abordons le cœur de la stratégie *demand gen'*, à savoir le déploiement de la génération de la demande à proprement parler. Dans le *funnel* global de la *demand gen'*, il s'agit de la couche supérieure, celle qui s'adresse aux personnes qui ne sont pas (encore) en recherche active de votre produit. Soit 99 % de votre marché total adressable, autrement dit : la demande de demain !

Au chapitre précédent, nous avons vu comment élaborer le discours le plus puissant : un discours qui ne se focalise plus simplement sur le « Comment », mais aussi sur le « Pourquoi » à travers la mise en place de trois briques narratives. À présent, je vous livre mes secrets pour véhiculer au mieux ce discours : la machinerie média.

1. CONSTRUIRE UNE MACHINE MÉDIA

Le processus global de la *demand generation* consiste à extraire le marketing d'une logique purement transactionnelle, pour tendre vers une logique relationnelle avec le marché. Le déploiement de la couche *demand gen'*, c'est tout bonnement le déploiement d'un média pour le compte de son entreprise, quelle que soit sa taille.

+ ACQUÉRIR SON PROPRE MÉDIA

Il y a deux voix pour obtenir son propre média. Les entreprises peuvent le créer de toutes pièces ou bien acheter un média pré-existant (Welcome To The Jungle rachète la conférence Tech dotConferences, HubSpot rachète le média business Hustle, DigitalOcean rachète le média finance Market Snak, Stripe rachète le média-communauté Indie hackers, Zapier rachète le média Makerpad). Mais idéalement, un peu des deux si elles en ont les moyens, car ce qui fait le propre d'une machine média, c'est la multiplicité des canaux de diffusion de votre message et la variété des formes. Ce média peut ainsi revêtir plusieurs visages :

- Le community management sur les réseaux sociaux ou un groupe privé (Slack, Discord, Facebook) avec des publications organiques, lives, commentaires interposés, discussions de groupes ou individuelles, etc. (Harold Gardas et son agence KÖM ou encore Benoit Debos et son agence).
- L'événementiel (physique) : organiser des *meet-ups*, tables rondes, etc. de façon régulière (WTTJ avec son événement human after all, Qonto et son événement *Qonto PowerUp*).
- Le blog média (WTTJ avec son blog d'experts, le lab[4] ou encore la néobanque professionnelle Shine, avec son blog copilote[5] sur la création et la gestion des entreprises et micro-entreprises).
- La série documentaire (WTTJ avec ses séries : *gueule de l'emploi, experienced, Welcome originals*, etc.[6]).
- La chaîne YouTube (*MarketingMania*, *Coudac*, etc.).
- Le podcast (*Revenue Vitals* de Chris Walker et son agence Refine Labs, *GDIY* de Matthieu Stefani et son agence Cosa vostra).
- Le livre (*Votre empire dans un sac à dos* de Stan Leloup de *MarketingMania*[7], *Freelance, une aventure dont vous êtes le héros* de Alexis Minchella[8], etc.).

+ DÉFINIR UN CONTENU PILIER

Que vous soyez freelance ou une grosse entreprise, la mise en place de votre machine média commence toujours par la définition d'un contenu pilier : celui sur lequel vous vous consacrerez en priorité et sur lequel vous maximiserez votre apport de valeur : podcast, newsletter, compte Instagram, chaîne YouTube, etc.

4. https://www.welcometothejungle.com/fr/le-lab
5. https://www.shine.fr/blog/
6. https://www.welcometothejungle.com/fr/collections/videos
7. LELOUP Stan, *Mon empire dans un sac à dos*, éditions Eyrolles, 2020.
8. MINCHELLA Alexis, *Freelance, l'aventure dont vous êtes le héros*, éditions Eyrolles, 2021.

Pour déterminer votre contenu pilier, il convient de prendre en compte trois éléments :

- **votre cible** : sur quels canaux se situent « naturellement » votre cible et quels types de contenus consomme-t-elle ? Comment pourriez-vous capter son attention et entrer dans ses habitudes de consommation quotidienne ?
- **vos forces et vos faiblesses en tant que personne et entreprise** : sur quels types de contenus et sur quels types de plateformes êtes-vous le plus à votre aise ? Sur quel type de canal êtes-vous le plus susceptible de briller ? Par exemple, si vous êtes une agence de photos, Instagram semble tout à fait indiqué, mais peut-être que votre aisance à l'oral devant la caméra et votre sens inné de la pédagogie peuvent vous amener à tabler plutôt sur YouTube ;
- **la concurrence** : vous devez toujours garder un œil sur la concurrence et vous interroger. Comment détonner dans le bruit ambiant et vous démarquer parmi la multitude de contenus disponibles sur les réseaux ? À noter que YouTube permet de traiter des sujets plus en profondeur, car la plateforme autorise des formats plus longs que les réseaux sociaux. Vous pouvez vous démarquer en optant pour un angle original, en intégrant par exemple une bonne dose d'humour ou en faisant des ponts entre votre domaine de prédilection et l'actualité, l'histoire, etc. Prenez le temps de réfléchir : quel que soit votre type de business et votre niche, vous pouvez apporter de la valeur et délivrer du contenu qualitatif. Il existe forcément des angles d'approche pertinents et inédits ! Votre secteur vous semble peu glamour et peu propice au développement de contenus alléchants – d'ailleurs, vous en voulez pour preuve que rien n'existe sur le sujet ? Cela signifie justement que vous disposez d'un boulevard. Souvenez-vous de Swile qui a réussi le tour de force de glamouriser le business du ticket-restaurant avec ses contenus cools et pertinents centrés sur le monde de l'entreprise !

> *Pour ma part, en tant que marketeur demand gen' freelance et formateur, c'est LinkedIn qui a longtemps constitué mon terrain de jeu préféré : d'abord parce que c'est un réseau que je fréquente moi-même naturellement, ensuite parce que mon business de conseils en marketing s'adresse à une cible professionnelle. Étant plus à l'aise à l'oral qu'à l'écrit, j'ai tendance à privilégier le format vidéo, notamment sous forme de lives que je délivre plusieurs fois par semaine (j'y reviendrai dans la section suivante consacrée aux événements). Toutefois, j'ai constaté avec le temps que la force et la portée organique des lives LinkedIn sont assez superficielles (quelques jours max) ce qui donne un côté course contre la montre à enchaîner les lives. Au moment où j'écris ces lignes, je suis donc en train de changer mon fusil d'épaule : YouTube devient ma priorité et LinkedIn vient en seconde place. Pourquoi un tel revirement ? YouTube a l'avantage d'être plus généreux sur la portée vidéo. Et l'algo est à mon sens plus efficace pour détecter l'audience susceptible d'être intéressée par mon contenu. L'inconvénient, c'est que le format requiert davantage de travail, tant sur le fond que sur la forme (travail de script des vidéos, travail des titres, des miniatures, gestion du matériel audio/vidéo/lumière, montage, etc.).*

Parmi les multiples possibilités de contenus, signalons tout de même que le podcast est particulièrement intéressant, car il est très peu coûteux à mettre en place : un ordinateur et une connexion Internet suffisent et une simple conversation via Zoom ou Skype peut être convertie en un clic en une émission.

+ DÉCLINER LE CONTENU PILIER

Votre contenu pilier peut être envisagé comme un contenu hebdomadaire : un épisode de podcast, un article de blog, un live, une vidéo YouTube ou une newsletter. À partir de ce contenu pilier, vous pourrez extraire des contenus journaliers : *stories* ou courts extraits à diffuser sur les différents réseaux et plateformes.

Ainsi avec un seul contenu, par exemple un podcast de trente minutes dans lequel vous interviewez un de vos clients ou un acteur de votre écosystème, vous pouvez potentiellement tirer des dizaines de contenus : une vidéo sur YouTube, une retranscription dans votre newsletter et de multiples micro-contenus, citations ou courts extraits à diffuser sur les divers réseaux sociaux en adaptant la forme et le ton. Ces *snacks contents** amèneront du trafic vers les formats longs (podcast, live, vidéo YouTube, etc.) qui eux-mêmes serviront à générer potentiellement d'autres *snacks contents* dans une boucle vertueuse. Sachez que de plus en plus de prestataires (freelances ou agences) se spécialisent dans la production de tels contenus.

Autour de ces contenus piliers et multiples déclinaisons qui composent vos publications organiques, vous activerez ensuite d'autres leviers : événements, contenus d'influences, publications sponsorisées. Je ne prétends pas vous livrer une recette magique sur l'ensemble de cette production de contenus, mais je vais vous livrer quelques tips classés par catégorie de contenu dans les sections suivantes.

CAS D'ENTREPRISE

WELCOME TO THE JUNGLE, LE SUCCÈS D'UNE MACHINE MÉDIA À LA FRANÇAISE

Créé en 2015, Welcome To The Jungle ambitionne dès son origine de dépoussiérer le secteur du recrutement. Sa promesse : fluidifier l'expérience de recrutement aussi bien du côté des recruteurs que du côté des recrutés, et surtout, rendre accessible la « marque employeur » clé en main à tout type d'entreprise. Car les fondateurs Jérémy Clédat et Bertrand Uzeel ont compris que le rapport de force était en train de s'inverser entre les employeurs et les employés : pour attirer des talents, les entreprises doivent se livrer à un véritable jeu de séduction face à des candidats toujours plus exigeants concernant les valeurs de l'entreprise à laquelle ils prêteront leur force, leur cadre de vie, leur ratio vie pro/vie privée, etc. Le modèle économique de la start-up, c'est un abonnement annuel payé par les entreprises qui souhaitent être présentes sur la plateforme et qui comprend un outil de gestion, un « welcome kit », qui leur permet de diffuser autant d'annonces qu'elles le souhaitent, puis de gérer les candidatures et surtout la création de contenu éditorial, photo et vidéo, véritable vitrine attractive.

Ce contenu, WTTJ en a fait son métier, bien au-delà de la marque employeur de ses clients, en devenant un média à part entière ciblé sur le monde de l'entreprise au sens très large : le contenu, hyper qualitatif et original, se décline en divers formats : articles écrits, vidéos, podcasts et se déploie à destination de deux cibles.

- D'abord les futurs candidats profils jeunes cadres : bien qu'ils ne soient pas les clients directs de WTTJ, c'est à eux que la plateforme s'adresse en priorité avec son média digital, délivrant de nombreux conseils pragmatiques et brassant des sujets divers : de la recherche d'emploi au *burn out* en passant par la semaine de 4 jours, le congé maternité ou encore le travail en France vu de l'étranger... Des conseils pragmatiques, des débats, des articles de fond, mais aussi des témoignages édifiants d'entrepreneurs phares aussi bien que d'inconnus. Dans la jungle qu'est le monde du travail, le média se positionne ainsi comme un compagnon privilégié, celui qui aidera le candidat à débroussailler le terrain pour trouver son *dream job* ! Son audience, séduite par le contenu et l'image de marque de WTTJ, viendra enrichir la plateforme de profils, à disposition des recruteurs.
- Seconde cible : les recruteurs, dirigeants, RH, etc., qui constituent donc les clients réels de la start-up : après son média B2C,

WTTJ s'est attelé dans un deuxième temps à la construction d'un média B2B davantage ciblé sur les sujets professionnels : marque employeur, recrutement, management, *future of work*, etc.

Aujourd'hui, l'entreprise se structure véritablement comme un média à part entière et la moitié des 300 collaborateurs de la start-up se consacre à la production de contenus. Outre le blog orienté *though leadership*, WTTJ organise par ailleurs des événements en ligne et physiques en partenariat avec d'autres acteurs du secteur (Malt, Easyrecrue), et développe même des séries documentaires en tout genre.

L'entreprise a véritablement adopté un *mindset media* : se faire voir et aimer ça avant tout. Le business, c'est la conséquence, pas l'objectif ! Si elle s'appuie sur d'autres leviers de croissance, (*lead gen'* et *outbound*), c'est indéniablement ce soin apporté au contenu qui a permis à Welcome To The Jungle de décoller. Avec 3 millions de visiteurs uniques par mois, 5 000 clients, présents partout en France mais aussi dans de nombreux pays d'Europe, WTTJ s'impose aujourd'hui comme le leader de son marché, bien loin devant les autres moteurs de recherche d'emploi comme Indeed, Jobijoba ou encore Monster. Forte d'une levée de fonds de 50 millions d'euros en 2023, la start-up poursuit son expansion géographique en partant à la conquête des États-Unis !

2. LES PUBLICATIONS ORGANIQUES

Les publications organiques, ce sont les échanges informels que vous créez chaque jour avec votre audience autour de votre contenu pilier afin d'encourager le bouche-à-oreille digital en faveur de votre solution sur les réseaux sociaux (exemples :

LinkedIn, Twitter, Instagram), les plateformes de contenus (exemples : YouTube, Spotify) et les communautés (exemples : Slack, Discord).

Sur ces *dark funnels*, vous ne cherchez pas à acquérir des *leads* à ce stade, mais à obtenir un maximum de visibilité et d'engagement avec votre contenu de sorte que celui-ci résonne toujours plus. Vos messages ne sont plus simplement cantonnés à l'*offline*, ils ne s'adressent pas seulement à votre cœur de cible, mais à tous ceux qui pourraient être interpellés et le relayer. Vous ne vous positionnez donc pas encore comme la solution à un problème spécifique mais comme un acteur de référence sur un sujet plus large en lien plus ou moins direct avec ce que vous vendez. C'est ce qu'on appelle le *thought leadership**.

Votre horizon, ce n'est donc pas seulement de produire du contenu qualitatif, mais de devenir un média à part entière à votre échelle ! Un tel objectif peut sembler ambitieux et exigeant – il l'est assurément. Cependant, il n'en est pas moins tout à fait réalisable, quelle que soit la taille de votre entreprise… À condition toutefois de respecter certaines règles.

+ LA RÉGULARITÉ, C'EST LA CLÉ

Le secret du succès de vos publications organiques réside dans la régularité : il est vivement conseillé de publier tous les jours, *a minima* trois fois par semaine. Une telle cadence de publications est un exercice exigeant qui peut être chronophage, et il n'est pas toujours évident de mener de front cette communication en parallèle de vos activités (je m'adresse ici en particulier aux freelances et aux petites entreprises qui ne peuvent disposer d'un département dédié à la création de contenus). Pour augmenter votre efficacité, et conserver du temps pour votre business accessoirement, n'oubliez pas de noter vos idées au quotidien. Dans la rédaction de vos posts LinkedIn, fixez-vous un temps limite, une heure maximum, quitte à oublier la perfection. L'enjeu, c'est de se lancer et surtout de tenir bon sur la durée. Dans le déploiement de la *demand gen'*, on est plus dans la course de fond que dans le sprint !

Pour tenir vos objectifs, il est fondamental de vous organiser et de déterminer une cadence de diffusion propre à chaque type de contenus : hebdomadaire pour votre contenu pilier et quotidien pour les *snacks contents*. Vous pouvez aussi envisager de mettre en place un type de contenu plus abouti que vous ne diffuserez qu'une fois par mois : par exemple une étude approfondie, un événement ou encore un guide pratique. Ce type de contenu requiert un investissement soutenu de votre part, mais il contient une grande valeur ajoutée.

+ VARIER LES PLAISIRS SANS PERDRE LE FIL : DÉLIVRER DE LA VALEUR

Pour conserver l'intérêt de votre audience, je vous suggère vivement de varier vos publications tant sur la forme (posts écrits, images, vidéos, carrousels, sondages) que sur le fond (les sujets que vous abordez et leurs angles d'approche) en gardant bien à l'esprit les trois *rooms* présentées au chapitre précédent.

L'ensemble de vos sujets peut être en adéquation avec le domaine que votre solution prétend régler, mais jamais totalement *confondu* avec celui-ci. Votre contenu résonnera d'autant plus aux oreilles de vos cibles si votre discours est associé à une notion de plaisir : plaisir du pur divertissement, mais aussi plaisir d'apprendre, de découvrir une idée intéressante. Car oui, les gens aiment découvrir de nouvelles choses ! Et la super fonctionnalité de votre application de facturation ne fait malheureusement pas partie de leurs sujets de prédilection...

Tout l'enjeu est de vous positionner comme une autorité sur un sujet, mais sans en avoir l'air. Il y a un donc un équilibre à trouver entre la qualité des contenus, le fait qu'ils apportent une réelle valeur et leur caractère divertissant : c'est là toute la subtilité du jeu *demand gen'* : proposer des contenus alléchants sans jamais tomber dans l'écueil de la superficialité et de la banalité, ni dans celui de l'expertise à outrance sous peine de rentrer en dissonance avec les attentes de votre audience.

C'est dans ce juste équilibre que réside toute la difficulté de l'exercice : parce qu'il faut bien cerner quels types de contenus fonctionnent, sur le fond comme sur la forme. Trouver le *content marketing fit** requiert une bonne dose d'intuition et de créativité, mais surtout une capacité à remettre en question, écouter et analyser les retours de votre audience, faire de la veille pour sans cesse itérer et oser de nouvelles choses. Je vous renvoie au chapitre sur le positionnement : à l'instar de votre produit, le positionnement de votre contenu doit faire l'objet d'une clarification régulière.

+ DONNER DE SA PERSONNE

L'une des différences majeures entre la *lead gen'* et la *demand gen'*, c'est que dans la seconde, la communication se fait à l'échelle individuelle et non plus à l'échelle d'une entreprise. Que vous soyez freelance ou porte-parole d'une plus grosse entreprise en tant que fondateur, dirigeant ou salarié, n'hésitez pas à disséminer des éléments de votre histoire personnelle dans vos posts : partages d'expériences, histoires comme celle de la création ou des coulisses de votre entreprise, vos échecs aussi à condition de ne pas tomber dans le mélodrame… Il ne s'agit pas de vous la « raconter », encore moins de partager des photos de votre petit-déjeuner dont tout le monde se fiche éperdument (à moins que vous ne travailliez dans la Food), mais de vous *incarner* aux yeux de ceux qui vous lisent et de rentrer en résonance avec leurs propres histoires. C'est de cette manière que vous les ferez naturellement réagir : un bon post inspirationnel, c'est celui qui donne envie aux autres de rebondir pour partager leurs propres anecdotes, retours d'expériences et opinions.

De la même manière, n'hésitez pas à assumer vos idées, quitte à être clivant : vous avez plus de chance de détonner si vous exposez un point de vue original ou une prise de position forte sur une nouvelle tendance du marché (*strategic story*), plutôt que de répéter que vous « placez l'humain au cœur de vos préoccupations ». En assumant des prises de position clivantes, vous risquez de perdre quelques prospects en route, mais vous consoliderez la relation avec ceux qui partagent vos opinions sans oser toujours s'exprimer et qui salueront votre liberté de pensée… Ceci est surtout valable si vous êtes solopreneur et que vous vendez un service, parce que c'est aussi un peu de votre personnalité que vous vendez et c'est votre singularité qui vous permettra de vous démarquer !

+ INTERAGIR AVEC SON AUDIENCE

Publier ne fait pas tout, parce qu'un véritable échange, c'est une relation à deux ! Votre audience développera davantage d'affinités à votre égard si vous vous situez en interaction avec elle plutôt que dans une relation purement verticale, tel un professeur qui dispenserait ses « leçons ». N'oubliez pas de commenter les publications des autres, de répondre aux commentaires, de poser des questions, et bien sûr d'ajouter ceux qui vous répondent et vous commentent pour accroître votre réseau… La force des publications vient de la force de vos échanges *réels* entre humains *réels* !

+ ANALYSER LES RETOURS

Bien entendu, comme évoqué précédemment, il est fondamental de mesurer l'impact de vos publications et d'analyser pour chacune le degré d'engagement généré à travers le nombre de vues, de réactions et de commentaires. Pour une évaluation correcte, oubliez les *pods**, ces likes et commentaires automatisés qui fausseraient votre écoute du marché !

Gardez bien en tête également que les likes et commentaires que vous récoltez ne sont que la partie émergée de l'iceberg : c'est dans l'ombre la plus totale que 90 % de votre audience consomme vos contenus, c'est là tout le mystère du Dark social !

Ne vous laissez donc pas abattre par un faible nombre de likes sur un post, concentrez-vous plutôt sur la tendance globale. Faites-vous plus de vues et de likes que le mois dernier ?

ZOOM

LA STRATÉGIE AVENGERS

Publier tous les jours, soit. Mais comment parvenir à se démarquer du flot de contenus qui ruisselle en permanence sur les réseaux ? Comment éviter le flop et l'humiliation de 2 likes de qui se battent en duel ?

Afin de générer un minimum d'engagement, de plus en plus d'entreprises optent pour la stratégie Avengers. Oui, son nom est bel et bien emprunté au célèbre comics de Marvel, et vous comprendrez très vite pourquoi…

Cette stratégie consiste pour une entreprise à s'appuyer sur le *personal branding* de ses employés pour gagner en visibilité et générer de l'engagement. Ici, tout se passe sur LinkedIn. Au lieu de créer du contenu insipide sur leurs pages entreprise pour commenter l'arrivée du nouvel alternant ou partager un quelconque succès, les entreprises encouragent leurs employés à prendre la parole par eux-mêmes via leur compte personnel, mais surtout à commenter, liker et repartager les publications de leurs collaborateurs. Le but : créer un effet boule de neige qui permettra de faire décoller les posts et de générer toujours plus d'engagement en faveur de la marque ou de l'entreprise.

Idéalement, la prise de parole ne doit pas émaner seulement des fondateurs de l'entreprise ou de la direction, mais aussi des salariés de tous les départements, de la comptabilité au marketing en passant par la logistique et les ressources humaines – sur la base du volontariat bien sûr. C'est ce caractère collectif et transdisciplinaire qui fait le succès de la stratégie, parce qu'il permet de tirer parti des spécificités de chacun et de produire des contenus inédits représentatifs de l'ADN de l'entreprise. Un ADN qui transparaît aussi à travers une certaine unité dans la présentation des profils (photos, choix des bannières). Pas d'uniformité donc, mais de la cohérence : des individus bien distincts, dotés chacun d'un domaine d'expertise et d'un ton unique, mais unis par le fait qu'ils partagent des valeurs et des succès communs. D'où le nom « Avengers », d'après le comics éponyme qui entremêle plusieurs univers des comics de Marvel, des superhéros qui détiennent chacun leur propre univers et leur propre pouvoir, mais qui luttent ensemble, au service d'une cause commune !

C'est notamment l'utilisation de cette tactique qui a permis aux agences Scalezia, KÖM et Coudac d'exploser sur LinkedIn ! Notez au passage qu'elle ne nécessite aucun investissement si ce n'est de l'investissement humain : les employés seront d'autant plus enclins à se faire ambassadeur de leur entreprise si celle-ci les traite bien !

3. LES ÉVÉNEMENTS

Qu'est-ce qui différencie une audience d'une communauté ? Une audience est passive, peu engagée et volatile. Une communauté est soudée, interconnectée, fidèle. Pour passer de la première à la seconde, rien de mieux que d'instaurer des rendez-vous : c'est-à-dire des moments d'échanges réels ! Lives, débats, webinars, formations gratuites ou même soirées… Qu'ils soient physiques ou en distanciel, ces événements sont votre arme secrète, celle qui vous permettra de vraiment fédérer une communauté autour de votre personne ou de votre entreprise !

Ce type de « contenus » suit à peu près les mêmes règles que les publications organiques, il peut même constituer votre contenu pilier : l'important est de définir une cadence en créant un rendez-vous récurrent et surtout, de vous y tenir ! Quelques éléments pour préparer au mieux vos événements et en maximiser l'efficacité :

+ SOIGNER LE FOND

Le secret d'un événement réussi, c'est d'abord sa préparation minutieuse : je vous suggère vivement de proscrire le freestyle et de structurer votre propos au moyen d'un plan. Vous pouvez vous appuyer sur des slides (à utiliser comme appât pour ceux qui resteront jusqu'au bout pour un événement en ligne), voire sur un template* qui fait écho à ce que vous avez traité pendant la présentation. Pensez à prévoir des temps de questions-réponses pour faire de l'événement un échange plus qu'un cours magistral !

+ COMMUNIQUER EN AMONT DE L'ÉVÉNEMENT

Si vous optez pour un live vidéo, n'omettez pas de créer un événement natif sur votre plateforme de diffusion de prédilection (LinkedIn, Facebook, Instagram, TikTok, YouTube). En effet, une redirection vers une autre plateforme ou réseau serait ressentie comme une friction ! Une fois l'événement créé, vous inviterez bien évidemment vos potentiels prospects, clients, influenceurs… Toutes les personnes que vous identifiez comme susceptibles de relayer votre message. Prévoyez deux ou trois semaines de communication avant l'événement : publications organiques et sponsorisées, messages dans les groupes (Slack, WhatsApp, Facebook). Pour éviter le bide, une piqûre de rappel 48 heures ou 24 heures avant l'événement est vivement conseillée ! Les outils tels que Waalaxy vous aident à automatiser ces messages.

+ DIFFUSER L'ÉVÉNEMENT

S'il s'agit d'un événement en ligne, utilsez StreamYard ou Restream pour multi-diffuser.

S'il s'agit d'un événement physique, faites en sorte de filmer l'événement pour pouvoir le relayer sur vos réseaux dans un second temps.

+ COMMUNIQUER EN AVAL DE L'ÉVÉNEMENT

À l'issue de l'événement, n'oubliez pas de communiquer avec votre audience en remerciant les participants et en engageant la discussion avec eux : « Avez-vous apprécié ce contenu ? À quel sujet aimeriez-vous que le prochain événement soit consacré ? Quel créneau horaire et quel format vous conviennent le mieux ? » En agissant de la sorte, non seulement vous recueillez des indications pour vous perfectionner, mais vous renforcez la relation et – cerise sur le gâteau – vous acquerrez une meilleure connaissance de votre cible en récoltant de la donnée qualitative !

Enfin, comme pour les publications organiques (et les lois élémentaires de la chimie), gardez bien en tête que rien ne se perd, tout se transforme ! Les événements, loin d'être volatiles, pourront être recyclés : par exemple, la vidéo de votre live LinkedIn pourra être importée pour nourrir votre chaîne YouTube, l'audio pourra être importée sur Spotify pour nourrir un podcast, etc.

4. LES CONTENUS D'INFLUENCE OU CO-MARKETING

Le marketing de l'influence consiste à créer des synergies entre votre propre audience et celle d'un autre, qu'il s'agisse d'un influenceur ou d'une entreprise, d'un média, etc. Cet échange de bons procédés constitue probablement la tactique la plus ROIste* pour accroître votre audience et générer la demande. Vous pouvez par exemple obtenir une mention dans un article, une publication organique d'un influenceur, inviter ou être invité sur une émission ou un podcast, coécrire un article, un livre blanc ou une étude de cas, ou encore organiser un événement, un *meet up*, des ateliers ou autre. Les formes de collaboration sont infinies : ce qui importe, c'est de délivrer de la valeur dans vos interventions. Jouer le jeu, c'est aussi la garantie de faire de votre hôte un nouvel ambassadeur !

Afin d'identifier les synergies possibles, faites une cartographie de votre écosystème : quels sont les influenceurs, podcasts, médias, blogs, événements, clients qui gravitent autour de vos problématiques ? Une fois votre écosystème bien cerné, fixez un objectif mensuel d'actions « influences » et jetez-vous à l'eau en contactant vos influenceurs cibles sur LinkedIn !

Évidemment, tout ce que vous pouvez faire de manière organique peut se faire de façon payante. Si votre notoriété n'est pas suffisamment forte pour intéresser les plus «gros» influenceurs, n'hésitez pas à proposer une compensation financière.

5. LES PUBLICATIONS SPONSORISÉES

Votre quatrième levier pour déployer la *demand generation* : les contenus sponsorisés que vous pouvez diffuser sur LinkedIn, Facebook, Instagram, TikTok, YouTube. Chacun de ces canaux possède une dynamique différente : tandis que YouTube tend à se professionnaliser, Facebook, TikTok et Instagram se situent davantage sur le terrain de l'amateurisme avec des contenus UGC* (User Generated Content qui signifie «contenu créé par les utilisateurs»). Mais il s'agit là de tendance générale et il existe toujours des exceptions : ainsi une vidéo type UGC pourra potentiellement faire la différence sur YoutTube comme une vidéo avec un rendu pro pourra faire la différence sur TikTok.

Quel que soit le canal pour lequel vous optez, vous devez conserver un *mindset media* dans la mise en place de vos campagnes. Celles-ci n'ont rien à voir avec de la publicité classique, parce qu'elles ne visent pas à générer des *leads*, mais de la notoriété ! Cela implique de ne pas se focaliser sur les résultats directs tels que les demandes de démonstrations ou de rendez-vous qui découleront directement de votre campagne. Votre principale mesure du succès est l'engagement généré par vos contenus !

L'avantage de l'utilisation du *paid* par rapport à l'organique, c'est que vous pouvez cibler qui vous voulez, et vous pouvez atteindre ce public cible avec le même message plus d'une fois. Les publications sponsorisées vous aident aussi à développer votre audience organique. L'inconvénient, c'est qu'elles ont un coût non négligeable !

Vous ne pouvez donc pas forcément vous permettre de tâtonner trop longtemps. Pour être efficace, une campagne *paid* doit répondre aux exigences suivantes :

- elle raconte une histoire qui résonne avec l'audience visée (parce qu'elle traverse les trois *rooms*) ;
- elle a une distinction créative claire : son identité graphique permet au premier coup d'œil de comprendre que des visuels différents émanent de la même entreprise et font partie d'une même campagne ;
- elle est idéalement présente sur plusieurs canaux ;
- comme les publications organiques, elle est composée de plusieurs types de contenus, tant sur le format (image, vidéo, carrousel) que sur le fond (niveau narratif 1 : étude sectorielle, statistique, interview, etc. ; niveau 2 : guide how-to, template, etc. ; niveau 3 : étude de cas, témoignage, etc.).

Plus concrètement, une campagne se compose d'un *minimum* syndical de trois créatives (publicités), soit une créa par niveau de narratif. Idéalement, elle compte une dizaine de créa, soit environ trois créa par niveau de discours, ce qui permettra de comparer la résonance de vos messages suivant les angles choisis et ainsi d'orienter vos prochaines campagnes. Pour vos créa correspondant au troisième niveau de discours (*success story* : orienté produit), il faut idéalement envisager une créa par cible et même par cas d'usage si votre campagne compte plusieurs cas d'usages.

Chacune de ces *créatives* doit bien entendu amener vers un contenu ouvert.

Gardez bien en tête que vos campagnes répondent à la fois à un objectif de portée (le nombre total de personnes qui voient votre contenu) et à un objectif d'impression (le nombre de fois où votre contenu est affiché, peu importe si on clique dessus ou non : le nombre de clics n'est que la partie émergée de l'iceberg, vos créations peuvent et doivent avoir de l'impact même si elles ne récoltent pas de clics). Misez donc sur les *zero click contents*, ces contenus qui ne nécessitent pas d'être ouverts pour être consommés : vidéos, images, carroussels, etc.

Voici quelques exemples de publicités de l'entreprise Swile qui sortent de la traditionnelle autopromotion pour se situer dans la création de lien de notoriété :

Post de Swile

Post de Swile

Swile
86 603 abonnés
5 mois · Modifié

On travaille tous les jours, depuis 5 ans, pour construire le monde du travail de demain.

Ça nous semblait logique de poser des questions directement aux employés du futur.

Non, ce n'est pas ChatGPT, mais bien Zoé 10ans, Jules 8 ans, Célia 10 ans, Aymie 6 ans, et Maxence 10 ans.

Pour connaître leurs prétentions salariales, leurs ambitions managériales ou comment ils s'y prendraient pour rendre heureux les salariés c'est ici 👇

1 455 · 73 commentaires

J'aime Commenter Partager

Pensez à renouveler vos créations toutes les six ou huit semaines, ou plus tôt si vous constatez des signes d'essoufflement en termes d'engagement.

À l'issue de la campagne, outre la portée, l'impression, le CPM (coût par mille impressions = le prix à payer par l'annonceur pour que sa publicité soit affichée mille fois), votre analyse devra porter sur l'engagement généré par vos créatives : commentaires, likes, partages... Ainsi que sur le comportement du trafic généré sur votre contenu (temps passé sur le contenu, passage vers la *landing page*, demande de rendez-vous, etc.). Une analyse complète vous aidera à optimiser vos futures campagnes.

ZOOM

LA STRATÉGIE *MEDIA FIRST*

La stratégie « *media first, business then* », c'est la version radicale de la *demand gen'* qui place le déploiement de la couche génération de la demande avant le déploiement de la couche capture ! Elle consiste donc pour une entreprise à créer sa propre audience avant même de développer un produit ou un service. Son pari : plutôt que de s'époumoner dans l'optique de capter l'attention d'un petit segment de l'audience générale pour vendre un produit, mieux vaut d'abord construire sa propre audience… Une manière de rentrer dans le cœur des prospects avant même de proposer quoi que ce soit, mais aussi de recueillir de précieuses données, tant qualitatives que quantitatives sur la cible, et de concevoir son offre en conséquence.

Quelques exemples inspirants :

- Potok.io est une start-up russe qui vend une solution RH : quand son fondateur Kirill Nikolaev s'est rendu compte que la version beta de sa plateforme accusait un retard de six mois, il s'est tout simplement dit : « Pourquoi attendre plus ? Construisons une audience et apprenons d'elle ! » C'est ainsi qu'a vu le jour un blog consacré aux problématiques de ressources humaines. En quelques mois, le blog est devenu très populaire au sein de la communauté des recruteurs avec une audience mensuelle de plus de 10 000 lecteurs, soit plus de la moitié de la communauté RH Moscovite, autant de fans loyaux auprès desquels Kirill Nikolaev a pu tester les diverses fonctionnalités de sa solution. Sans surprise, au moment du lancement de la solution, le succès a été instantané. En à peine une semaine, Potok.io comptait 10 000 utilisateurs qui contribuent chaque jour à son amélioration[9] !

- Autre exemple, autre lieu, autre ambiance : MrBeast, Youtuber Américain. À l'âge de treize ans, Jimmy Donaldson créé sa chaîne YouTube, MrBeast (qui signifie littéralement « M. Idiot »). Son concept : se lancer face caméra dans des défis aussi saugrenus que régressifs (casser du verre en utilisant une centaine de mégaphones, ou encore regarder de la peinture sécher pendant une heure…). Cinq ans après sa création, la chaîne décolle pour atteindre en 2022 les 100 millions d'abonnés ! MrBeast diversifie son concept et se lance même dans la philanthropie… Il est aujourd'hui le Youtuber le plus populaire au monde ! Mais il ne se contente pas de récolter les immenses profits générés par sa chaîne. En 2021, il a lancé une application de restauration, MrBeast Burger. Ses fans ont la possibilité de commander des repas de la marque MrBeast dans 1 600 restaurants à travers les États-Unis. Que faut-il retenir de la *success story* phénoménale de MrBeast ? Quand l'audience est là, il n'y a aucune limite pour la monétiser…

9. https://bettermarketing.pub/why-you-should-build-a-media-first-company-49c5ab70f09e

RÉCAP'

Tout le monde s'accorde sur le fait qu'il faut « nouer une relation/une affinité avec son prospect », mais avec la *lead gen'*, les entreprises tablent principalement sur la séquence email automatisé et ses contenus statiques pour le faire, autrement dit le mécanisme le plus froid et déshumanisé qui soit ! Ce serait comme prendre des bougies pour chauffer une pièce...

Contrairement à la *lead generation* qui ne vise qu'à générer des *leads*, le contenu *demand gen'* est conçu pour générer des convaincus qui lèveront la main tout seul pour solliciter un rendez-vous commercial : c'est un contenu chaud, dynamique, et surtout 100 % ouvert qui est destiné à vivre là où les prospects sont naturellement présents, les *dark funnels* que sont les réseaux sociaux et plateformes de contenus.

Plus qu'une simple stratégie de contenus, l'aboutissement d'une stratégie *demand gen'* réussie est le déploiement d'un véritable média qui vise à asseoir votre légitimité de *thought leader* dans votre domaine.

Si votre contenu est percutant et que vos interventions apportent une vraie valeur ajoutée, alors les gens consomment, reviennent, partagent. Et au sein de cette audience, certains s'intéressent petit à petit à ce que votre boîte a à leur vendre...

La stratégie de contenus *demand gen'* repose ainsi sur un *mindset* de création plus libre, moins transactionnel et court termiste : le business, c'est la conséquence indirecte, pas l'objectif !

CONCLUSION

La *demand generation* n'a plus de secrets pour vous. Vous en connaissez à présent les tenants et les aboutissants, les étapes dont elle se compose, les KPI qu'elle considère, les réflexions qu'elle présuppose (le positionnement de votre offre, l'élaboration d'un discours à plusieurs niveaux), et surtout la conviction qui préside à sa mise en place : plutôt que de traquer les *leads*, mieux vaut les cueillir « à point » !

Autant que possible, je vous ai livré des *quick wins* et des tactiques pour maximiser :

- d'une part votre puissance de capture de la demande ;
- d'autre part votre visibilité de *thought leader* et donc votre capacité à générer de la demande : le cœur de la stratégie qui se traduit par la mise en place d'une machinerie média.

Ces éléments constitueront, je l'espère, un cadre précieux pour que vous puissiez développer à votre tour votre propre stratégie *demand gen'*. Mais tout l'enjeu à présent est de dépasser ce cadre, ou du moins de le personnaliser à votre manière ! Je ne le dirai jamais assez : le succès d'une stratégie marketing réside avant tout dans son exécution et non dans la théorie.

Peut-être que le succès de votre business passera par la mise en place d'un événement inédit qui a le mérite de pouvoir faire rencontrer des pairs à vos cibles ? Peut-être passera-t-il par la création d'une série documentaire qui raconte votre histoire, vos réussites et votre vision ? Les possibilités sont illimitées, car il existe autant de manières de procéder que d'entreprises et d'individus. Ce dont je suis certain, c'est que la stratégie *demand gen'* qui portera ses fruits sera celle qui vous ressemble : pour reprendre la métaphore de la pizza, la meilleure stratégie est celle qui sera cuisinée « à votre sauce ».

Pour vous aider à aller plus loin et vous accompagner dans la mise en place de votre propre stratégie, je suis à votre disposition en tant que consultant. Mais au-delà de fournir une feuille de route, mon ambition en écrivant ce livre était de vous insuffler un peu de la philosophie *demand gen'*. Vous l'aurez compris, celle-ci va bien plus loin qu'une simple stratégie à exécuter comme on exécute une recette de cuisine : c'est un véritable *mindset*, qui nous invite à briser les carcans des *best practices* pour aller vers toujours plus de créativité ! Pourquoi se contenter d'écrire un livre blanc quand on peut écrire un livre ?

Plutôt que de penser **transaction**, pensez **relation**,
plutôt que de penser **contenu**, pensez **média**,
plutôt que de communiquer seulement sur votre **solution**, partagez votre **vision** !

Maintenant, c'est à vous de jouer !

Glossaire du marketeur demand generation

ABM : acronyme de *account-based marketing* ou marketing des comptes clés, une stratégie marketing B2B qui consiste à cibler les comptes les plus stratégiques. Si le marketing d'entreprise est généralement organisé par secteur, produit ou canal, l'ABM rassemble tous ces éléments pour se concentrer sur des comptes individuels. L'approche et le contenu sont ainsi personnalisés pour une cible en particulier à chaque étape du cycle de vente. La stratégie est souvent réservée aux entreprises avec un panier moyen ou élevé (>80K€).

Attribution (marketing digital) : outil de mesure qui permet de déterminer le canal d'acquisition ayant amené à la conversion d'un prospect en *lead* qualifié.

Bénéfice : un avantage que confère la fonctionnalité ou le service de façon générale.

Cold emailing/phoning : démarchage à froid. C'est la technique d'approche de base de l'*outbound*. Encore très répandue dans le B2B, elle consiste à envoyer un email de prospection ou à appeler un prospect avec qui vous n'avez jamais eu de contact auparavant.

Content marketing fit : désigne le fait pour un contenu de trouver son public.

Dark funnels : littéralement, « entonnoirs sombres ». Le terme désigne l'ensemble des canaux sur lesquels s'opère le phénomène Dark social. Pour en citer quelques-uns : les réseaux sociaux, les groupes privés, les webinaires, les podcasts, etc.

Email automation : envoi d'emails automatisés par opposition à un envoi manuel. L'*email automation* est l'une des pratiques phare de l'*inbound* marketing.

Funnel : littéralement « entonnoir ». En marketing, il s'agit d'un modèle théorique qui consiste à découper le parcours d'achat d'un client en plusieurs phases correspondant à son degré de maturité. En haut de l'entonnoir, les simples visiteurs, en bas, les *leads* très qualifiés.

Growth marketing : stratégie marketing qui vise une croissance rapide et qui se caractérise par une approche pragmatique et itérative de *test and learn*. Comme sa prédécesseuse le *growth hacking*, le *growth marketing* repose sur la matrice AARRR : Acquisition, Activation, Rétention, Recommandation et Revenu qui constituent les cycles de vie de l'utilisateur. Chacune de ces étapes sera maximisée au moyen de méthodes innovantes basées sur la tech et la data. Cette stratégie est ainsi censée permettre de gagner un grand nombre d'utilisateurs en un temps réduit, de les fidéliser puis de les convertir en ambassadeur.

Impression : nombre de fois où un contenu est affiché, peu importe si on clique dessus ou non. Une personne peut donner plusieurs impressions à un seul élément de contenu.

Inbound marketing **:** littéralement, « marketing entrant » : L'inbound marketing est une stratégie marketing visant à faire venir le client à soi plutôt que d'aller le chercher (*outbound* marketing). Elle s'adosse à une stratégie de contenus. Si la *lead generation* relève de l'*inbound* marketing, la *demand gen'* en est la version la plus aboutie.

KPI : acronyme de *key performence indicator*. En français, on parle d'indicateur clé de performance (ICP). Un KPI est un outil conçu pour permettre à une entreprise de bien piloter et de mesurer l'efficacité d'un projet, afin d'en évaluer les retombées et de déterminer son retour sur investissement.

Lead generation **:** la génération de *leads* (ou prospects) correspond à l'ensemble des stratégies et méthodes qui permettent d'acquérir des contacts (email et téléphone) au moyen de contenus fermés (*lead magnet*) afin de les démarcher et de les convertir en clients.

Lead magnet **:** littéralement, « aimant à *leads* » également appelé « contenu fermé ». Il s'agit d'un contenu Web à forte valeur ajoutée offert à un prospect en contrepartie d'informations de contact. Il a pour objectif d'établir et d'entretenir une relation commerciale avec le prospect à la suite du téléchargement d'un contenu.

Lead nurturing **:** littéralement, « élevage de prospect » : ensemble de méthodes qui visent à accélérer la maturité d'un prospect en l'alimentant de contenus fréquents (grâce aux outils du marketing automation) tout en relevant des informations sur lui à l'aide de contenus fermés. Ce terme relève de l'approche *lead generation* et présuppose ainsi l'existence d'un parcours d'achats prédéfini.

Outbound marketing : littéralement, « marketing sortant ». C'est la stratégie marketing traditionnelle qui consiste à aller directement à la rencontre de ses prospects en les démarchant par téléphone, par message sur les réseaux sociaux, par lettre ou par email.

Pipeline ou pipe commercial : un outil stratégique qui permet à une entreprise de visualiser toutes ses opportunités de vente et d'évaluer son chiffre d'affaires prévisionnel. Il se présente sous la forme d'un entonnoir ou d'un Kanban, et regroupe chacune des étapes du processus de vente, de la prise de contact initiale à la conclusion de la vente.

Pivoter : opérer un infléchissement de positionnement afin de trouver le *product marketing fit**. Cet infléchissement peut se traduire par une modification du segment de clients visés (par exemple, un élargissement ou une réduction de votre cible), une modification substantielle de l'offre (par exemple, pour une solution, une réduction ou une augmentation des fonctionnalités), un changement de *business model* ou encore un changement de canal de distribution.

Positionnement : le positionnement désigne la catégorie mentale dans laquelle on veut inclure un produit ou un service et sa position psychologique par rapport aux offres concurrentes. Positionner, c'est donc identifier le cadre et l'angle d'exposition les plus pertinents, ceux qui mettront le mieux en valeur les forces de votre solution aux yeux de vos prospects.

Pod **:** un groupe de soutien mutuel mis en place pour contourner les algorithmes des réseaux sociaux et booster l'engagement autour de son contenu. Les membres d'un pod s'engagent à commenter ou liker les contenus des autres membres afin d'en maximiser la portée. S'il s'agit d'une pratique ancienne bien connue des community managers, il est à présent possible de l'automatiser au moyen d'outils tels que Podawaa (Waalaxy).

Portée : nombre de personnes qui voient un contenu. La portée permet de mesurer l'audience de votre publicité.

Proposition de valeur : formulation claire et courte de la pertinence de votre produit/solution.

Product marketing fit **:** le fait pour un produit d'être en adéquation avec sa cible.

Quick win **:** mesure rapide à mettre en œuvre qui donne des résultats.

Reach **:** synonyme de portée.

Reporting **:** un outil de communication qui permet de matérialiser des données sur un projet, son niveau d'avancement ou ses performances.

ROI : acronyme de *return of investment* (retour sur investissement). Le néologisme ROIste qualifie les actions qui engendrent un important retour sur investissement.

SEA : acronyme de *search engine advertising*, littéralement « publicité pour les moteurs de recherche ». Désigne les actions publicitaires qui permettent d'obtenir une visibilité sur les moteurs de recherche contre rémunération.

SEO : acronyme de *search engine optimization*, littéralement « optimisation pour les moteurs de recherche ». Désigne l'ensemble des techniques mises en œuvre pour améliorer la position d'un site

Web sur les pages de résultats des moteurs de recherche à partir de mots-clés. On l'appelle aussi référencement naturel.

Snack content **:** un contenu très court conçu pour être consommé rapidement sur les réseaux sociaux – texte, tweet, vidéos ou images.

Squad **:** un petit groupe de travail avec une mission commune.

Template **:** un modèle (ou gabarit) constitué d'éléments modifiables qui permet d'exécuter rapidement une tâche.

Thought leadership **:** méthode de communication qui consiste à se positionner en tant que *leader* de son marché, mais aussi et surtout comme «influenceur» dans son domaine.

TOFU – MOFU – BOFU : acronymes de Top of the funnel, Middle of the funnel, Bottom of the funnel, les trois degrés de maturité principaux d'un prospect, du moins mature au plus mature.

UGC : acronyme de *user generated content* (contenu généré par l'utilisateur). À la différence des contenus associés aux stratégies de *brand content* ou de marketing d'influence, il s'agit de contenus produits à l'initiative des consommateurs/utilisateurs ou de n'importe quel internaute qui souhaite partager une information sur une entreprise/une marque sans forcément en être client. Il peut s'agir d'un article de blog, d'un post sur les réseaux sociaux, de vidéos, de photos, d'un simple commentaire ou même d'un avis clients. Si le caractère spontané et non professionnel est intrinsèque à la définition des UGC, les marques ne s'interdisent pas de les exploiter voire d'encourager la production de ce type de contenus (en organisant, par exemple, des jeux concours). Vecteur de visibilité, puissant levier d'engagement, l'UGC tend ainsi à devenir une partie intégrante des stratégies de *content marketing*.

Valeur : le bénéfice ou la plus-value de votre produit/solution mis en contexte, c'est-à-dire présenté du point de vue de vos clients. C'est elle qui garantira l'efficacité de votre positionnement et qu'il vous faudra traduire dans votre message.

Vélocité commerciale : la vitesse de chiffre d'affaires généré par une entreprise sur une période donnée. Elle peut se mesurer en mois, en trimestre ou en année.

Table des matières

CHAPITRE 2

CHAPITRE 3

CHAPITRE 4

Remerciements

Je tiens à exprimer ma profonde gratitude à tous ceux qui ont contribué à la réalisation de ce livre, un voyage aussi enrichissant qu'exigeant.

Tout d'abord, un immense merci à ma famille, dont le soutien inébranlable a été le pilier de cette aventure. Votre amour, votre patience et votre compréhension ont été des sources d'inspiration constantes, me permettant de poursuivre cette passion avec détermination.

Je tiens également à remercier mes amis et proches, pour leurs encouragements, leurs conseils avisés et leurs moments de détente, essentiels pour garder un équilibre dans ce projet intense.

Un remerciement tout particulier à Irène, dont le soutien a été inestimable. Ta collaboration, ta perspicacité et ton dévouement ont grandement contribué à la qualité de ce travail. Ta capacité à éclairer les idées complexes avec clarté et créativité a été un atout majeur dans l'élaboration de ce livre.

Enfin, je souhaite exprimer ma gratitude à tous ceux qui, de près ou de loin, ont participé à ce projet. Votre enthousiasme et votre soutien ont été des moteurs essentiels dans la réalisation de cet ouvrage.

Ce livre est le fruit d'un travail collectif, et chaque contribution a été un cadeau précieux sur ce chemin de découverte et de partage.

Merci du fond du cœur.

Notes

pca
cmb
édition pré-presse
livres numériques

44400 Rezé

Dépôt légal : janvier 2024 – N° éditeur : MAGSI20230460 - N° Imprimeur : 122377134

Achevé d'imprimer en janvier 2024 en France par Présence Graphique - Monts

IMPRIM'VERT
Votre imprimeur agit pour l'environnement

PEFC
10-31-2677

FABRIQUÉ EN FRANCE